안 동
문 화
100선
● ⓫

박
순 朴焞

중앙대학교 역사학과 졸업. 동 대학원에서 문학석사, 박사학위를 받음.
중앙대학교, 성균관대학교, 명지대학교, 인천대학교 강사.
(전)한국국학진흥원 기록유산센터(전 목판연구소) 전문연구원.

〈목판조사보고서〉
경북지역의 목판자료(1)(2)(3)(4). 2004~2007.
경남지역의 목판자료(1)(2)(3). 2007~2010.
충북지역의 목판자료(1). 2011.
충남지역의 목판자료(1)(2)(3)(4). 2012~2015.
전남지역의 목판자료(1). 2017.

〈공저〉
유교책판-나무에 수를 놓다. 2013.
영영장판과 영남의 출판문화. 2017.

〈역서〉
산양읍지山陽邑誌(경상남도 통영시).

〈공동역서〉
집설輯說(수원박물관).

세계기록 유산, 유교책판

글·사진
박순

민속원

세계기록
유　산
유교책판

차례

세계기록유산의 이해 · · · · 8

세계기록유산 사업의 시작 · · · · 8
한국 역사의 〈기억의 상실〉 · · · · 10
세계기록유산 제도의 이상 기류 · · · · 14
한국의 세계기록유산 · · · · 15

유교책판의 이해 · · · · 22

등재신청서 작성 준비 · · · · 22
중국 목판과의 차별화 · · · · 25
왜 목판인쇄를 고집했을까? · · · · 28
선생의 도가 그 안에 있나니 · · · · 29
공론과 공동체출판 · · · · 31
하인천예下人賤隷도 모두 천성天性을 함께 받았으니 · · · · 37

통계로 본 유교책판 ···· 40

305개 기탁처 · 718종 · 64,226장 ···· 41
8종류 ···· 42
시기 ···· 42
저자와 지역 ···· 43
결락 ···· 45
생몰연대와 출간 시기 ···· 46
문화재 목판 ···· 46
글자 ···· 48

무구정광대다라니경과 한국의 목판인쇄 ···· 49

무구정광대다라니경의 발견 ···· 49
중국 목판인쇄의 역사 ···· 52
한국이 목판인쇄의 종주국은 아닐까? ···· 53
문헌의 나라, 고려 ···· 55
목판인쇄의 전성기 ···· 56

목판과 나무 ···· 60

- 목판은 어떤 나무로 만들었을까? ···· 60
- 목판을 만드는데 얼마나 많은 나무가 필요할까? ···· 62
- 목판은 어떻게 만들까? ···· 67
- 목판 1장 만드는데 어느 정도의 돈이 필요할까? ···· 73

목판의 보존과 훼손 ···· 76

- 충해蟲害 ···· 77
- 균열龜裂 ···· 81
- 뒤틀림 ···· 86
- 곰팡이 ···· 87
- 습해濕害 ···· 91
- 오물, 오염 ···· 93
- 마구리 ···· 98
- 기타 ···· 100

〈유교책판〉 등재의 후일담 ···· 105

　책판인가? 목판인가? ···· 105

　〈유교 책판〉인가? 〈유교책판〉인가? ···· 106

　분량이 너무 많아! ···· 107

　그런데 〈유교책판〉이 뭐예요? ···· 108

　이게 무슨 국가기밀문서입니까? ···· 110

　국제목판보존연구협의회 I.A.P.W.
　(International Association for Printing Woodblocks) ···· 112

　참고문헌 ···· 118

세계기록유산의 이해

세계기록유산 사업의 시작

유네스코 세계기록유산 사업은 인류의 다양한 〈기억〉들을 잘 보존하고 세계인이 공유할 수 있도록 하자는 취지로 1992년에 시작되었다. 세계기록유산의 등재 대상은 문자 기록만이 아닌 문자의 기록 이전부터 구전口傳되어 온 인류의 기억, 기호 등이 모두 포함된다.

세계기록유산 사업의 목적은 2009년에 독일의 Heiko Huennerkopf가 만들어 유네스코에서 공식적으로 사용하고 있는 상징 문양에서 확실하게 나타나고 있다. 문양의 주황색은 파피루스의 색깔을, 둥근 모양은 두루마리, 지구, 축음기, 원반, 저작권 등을 상징하며, 둥근 원의 중간 중간 끊긴 부분은 기억의 상실을 형상화한 것이다.

세계기록유산 상징문양

세계기록유산 사업은 2차 세계대전 이후 유네스코가 설립되면서 사라져 가는 인류의 기억을 보존해야 한다는 공감대가 형성되면서 본격적으로 시작되었다. 기록 보존에 대한 공감대는 19세기 말부터 유럽을 중심으로 서서히 형성되기 시작하다가 연이어 발발한 1차와 2차 세계대전, 종전 이후 이념의 대립으로 시작된 냉전冷戰, 끊이지 않은 국지전, 정치적 혼란, 재난 등으로 사라지는 기록물을 더 이상 방치할 수 없다는 위기의식이 유네스코를 중심으로 기록유산의 보존을 위한 구체적인 사업을 모색하게 되었다.

기억의 상실은 인류 역사의 시작과 함께 늘 우리 곁에 있었다. 기록에 등장하는 최초의 기억의 상실은 B.C.213년 중국에서 일어난 진시황秦始皇의 분서갱유焚書坑儒라 할 수 있다. 유럽의 역사에서는 제3차 포에니전쟁(B.C. 149~146)에서 승리한 로마가 패전국 카르타고에서 약 50여만 권의 책을 불태웠고, B.C.48년, 카이사르Gaius Julius Caesar는 이집트 원정 때 알렉산드리아 도서관의 장서를 전부 불태웠다. 서기 640년 이슬람교도들이 알렉산드리아를 장악하면서 다시 알렉산드리아 도서관의 장서 약 70여만 권이 불타 버렸다. 기억의 상실은 성경에서도 보인다.

> 또 마술을 행하던 많은 사람이 그 책을 모아 가지고 와서 모든 사람 앞에서 불사르니, 그 책값을 계산한 즉 은銀 5만이나 되더라.(사도행전 19장 19절)

사도 바울이 무슨 책을 얼마나 불태워 버렸는지는 알 수 없으나 책값이 은 5만이라 했으니, 상당한 분량의 책이란 것을 짐작할 수 있다.

1·2차 세계대전은 승전국이나 패전국을 가리지 않고 기록의 파괴, 소유권의 이전, 분실, 소실 등이 대규모로 진행되었고, 전쟁과는 무관하게 예측 불가능하며 언제라도 발생할 수 있는 자연재해, 화재, 홍수 등과 정치적 이념에 따른 기록의 파괴는 어느 때 어느 장소를 가리지 않고 발생하였고, 또 지

금도 지구의 어느 곳에서는 진행 중인 일들이다. 1880년에 William Blades는 불, 물, 가스, 열, 먼지, 무지와 무관심, 그리고 제본업자, 책에 대한 소유욕을 애정으로 착각하는 무지한 수집가 등을 '책의 적'이라 규정하였는데(William Blades, The Enemies of Books 책의 적敵), 사실 이 적들은 형태를 달리하여 지금도 전 세계적으로 반복적이며 강력한 힘을 가지고 우리 주변에 늘 함께 있다.

유네스코에서는 국제도서관협회에 의뢰하여 기억의 상실에 대한 보고서를 발간한 적이 있는데, 이 보고서에는 기억의 상실이 얼마나 대규모로 우리 곁에서 진행되는지를 여실히 보여주고 있다.(https://unesdoc.unesco.org/ark:/48223/pf0000105557. pp.7~18) 이 보고서에는 1·2차 세계대전으로 파괴된 유럽의 도서관, 문서보관소 등에 대한 기록과 러시아와 중국의 공산화 과정에서 이념의 대립으로 발생한 기록의 파괴, 캄보디아의 크메르 루즈, 중국의 티벳 점령 등과 전쟁이나 정치와는 무관하게 화재, 홍수 등으로 발생한 〈기억의 상실〉이 종결된 것이 아니라 지금도 여전히 진행되고 있음을 잘 보여주고 있다.

한국 역사의 〈기억의 상실〉

한국의 역사에서도 〈기억의 상실〉은 늘 있었다. 『삼국사기』에 보이는 고구려와 백제, 신라와 가야의 역사책은 이름만 남았을 뿐 현재는 흔적도 찾을 수 없다. 송宋에서는 고려를 '문헌의 나라文獻之邦'라 부르면서 송에 없는 책을 고려에서 구해오라며 사신에게 127종의 목록을 보낼 정도였으나 몽골의 침입, 이자겸의 난, 홍건적의 난 등으로 전국이 초토화되면서 고려의 기록물 대부분은 제목만 남긴 채 사라져 버렸다.

조선은 기록문화에 관한 한 매우 신중하며 열정적인 국가였다. 기록물의 생산과 보존을 위한 제도적인 장치는 물론이고, 언제나 책에 목말랐던 선비들은 기록의 소중함을 몸소 실천하였다. 현재 한국의 세계기록유산 대부분이 조선시대에 생산되었다는 것은 조선의 기록문화에 대한 열정을 간접적으로 표현하는 증거의 하나라 할 수 있다.

그러나 〈기록의 나라〉인 조선도 역시 대량의 〈기억의 상실〉에서 벗어날 수는 없었다. 어숙권魚叔權의 『고사촬요攷事撮要』 중 1585년 판본까지는 책을 간행했던 목판木板 목록을 각 지방별로 「목판조木板條」를 두어 상세하게 기록하고 있으나 임진왜란 이후 간행된 증보판에는 「목판조」 자체가 사라지고 없었으며, 기록에 나온 목판 중 현재까지 남은 목판은 열손가락으로 꼽을 정도이다. 임진왜란 때 경복궁이 불타고 조선의 사고史庫도 모두 소실되었다. 왜군은 전투부대 이외에 후방부대의 하나로 도서부圖書部를 운영하며 체계적으로 조선의 기록물과 금속활자 등을 약탈하였고, 장인匠人들을 포로로 데려가 전후 일본의 기록문화가 조선을 능가할 정도로 기록문화에 대한 약탈이 심각하였다. 전쟁의 피해가 채 복구도 되기 전에 발생한 이괄의 난으로 겨우 복구된 한양의 춘추관사고가 다시 불타버렸고, 식민지시대가 되면서 조선의 기록들은 오롯이 일본의 차지가 되었으며, 그나마 남은 것은 한국전쟁으로 다시 잿더미가 되었다. 조선시대에 생산된 책판이 지금 겨우 20% 정도만 남은 것도 어쩌면 다행이라 할 정도로 한국 역사에서의 기억의 상실은 상상이 되지 않을 정도이다. 돌아가신 대학 스승의 서재에는 한적본이 약 1만 여 권 정도 소장되어 있었다. 어디서 이 많은 책을 구하셨냐고 여쭙자 안동에서 구하였다고 하셨다. 안동이 고향인 분들은 이 책들이 안동댐과 임하댐으로 수장된 마을에서 나온 것임을 바로 알아차렸을 것이다. 또한 웅부공원 옆 예전 안동도서관 담장에 한적들이 쌓여 비를 맞고 있었다는 이야기도 기억하실 것이다.

이처럼 기억의 상실은 인류의 역사가 시작된 이래로 항시적으로 반복되어 발생하였으며, 이는 지금도 우리 옆에서 진행 중이다. 〈세계의 기억〉 사업은 기억의 상실을 영원히 멈출 수는 없지만 진행의 속도를 최대한 늦추고, 가능하다면 조금이라도 더 오래 보존하려는 사업이다. 특히 보존의 최선책은 〈

세계기록유산전시체험관

〈세계의 기억〉에 대한 인류의 관심을 지속적으로 유지하는 것이라는 인식으로 〈세계의 기억〉에 대한 〈접근성接近性〉을 중요한 요건으로 강조하고 있다. 그러나 대부분의 〈세계의 기억〉은 세계문화유산이나 무형유산에 비하여 훼손의 위험이 훨씬 높아 오히려 접근성이 제한되어 있는 것이 현실이다. 세계기록유산의 등재신청서에서도 접근성을 높이는 문제를 중요한 항목으로 서술하기를 요구하고 있으나 현실과의 괴리를 좁히기 어려운 것은 어느 국가나 가지고 있는 고민일 것이다. 2020년에 한국국학진흥원에서 세계기록유산 전시체험관을 만들어 세계기록유산에 대한 접근성을 높이고자 한 것은 유네스코에서 세계기록유산 제도를 장려한 본질에 한걸음 앞서간 조치로 대단히 고무적인 현상으로 여겨진다.

세계기록유산 제도의 이상 기류

유네스코의 〈세계의 기억〉 사업은 인류의 기록을 잘 보존하고, 이를 후세에 물려주자는데 있으며, 이를 통하여 인류 문화의 다양성을 지켜내고 나아가 문화적 갈등을 방지하여 세계의 평화에 기여한다는 뜻으로 시작한 사업이다. 이 사업은 역사의 시비를 가리거나 역사적 사실을 국제적으로 공인한다는 의미는 아니다. 그렇기 때문에 기록유산의 등재 대상에는 인류의 부끄러운 기억도 가감 없이 〈세계의 기억〉으로 인정하고 있다. 예를 들면 카리브연안 국가들이 공동 등재한 노예 관련문서, 유태인의 학살을 기록한 폴란드의 게토기록물Warsaw Ghetto Archives, 캄보디아의 투올슬렝 대학살Tuol Sleng Genocide 기록물, 남경대도살南京大屠殺 기록물 등은 인류의 치부를 고스란히 드러내는 기록물이지만 〈세계의 기억〉으로 인정받아 후손들에게 전하기로 하였다.

그런데 최근 〈세계의 기억〉 사업에 이상 기류가 나타나기 시작하였다. 이미 그런 조짐은 일찍부터 있었지만, 2015년 10월, UAE의 아부다비에서 개최된 유네스코 기록유산회의에서 중국 국가기록원이 신청한 〈남경대도살 기록물〉을 두고 대학살의 가해국인 일본이 중국의 신청서가 날조되었으며, 기록물을 공개하지 않고 있다는 등의 이유로 세계기록유산의 등재가 부적절하다고 반발하면서 이상 기류가 표면화되었다. 격렬한 논의 끝에 〈남경대도살 기록물〉은 세계기록유산으로 등재되었지만, 함께 신청한 〈위안부 관련 기록물〉은 결국 등재에 실패하였다. 이러한 일본의 행위는 그 이후에도 계속되었다. 2016년에는 싱가포르에서 아시아·태평양지역 기록유산MOWCAP으로 신청한 〈일본군의 민간인 학살 기록물〉이 일본의 조직적 방해로 등재가 저지되었고, 2017년에는 한국을 비롯한 위안부 피해국 7개국이 공동등재 신청한 위안부 관련 기록물이 다시 일본의 겁박으로 등재가 저지되었다.

일본은 유네스코의 운영 기금 중 많은 부분을 담당했던 미국이 팔레스타인의 유네스코 가입문제로 유네스코를 탈퇴하면서 생긴 공백을 대신하면서, 현재 유네스코 예산의 약 11% 정도(약 4503억 원/ 2017년)를 분담하고 있음을 무기로 삼아 유네스코에 압력을 가하여 자국에 불리한 기록의 세계기록유산 등재를 조직적으로 막아내고 있는 중이다. 결국 2019년은 새로운 세계기록유산을 선정하는 연도지만 유네스코에서는 제도의 개선 등을 이유로 2019년에는 기록유산 등재 심사가 없다고 발표하였다. 이에 따라 2020년의 MOWCAP 등재 심사도 잠정 연기되었으며, 일부 유네스코 관계자들은 2021년의 세계기록유산 등재 심사의 연기 가능성도 부인하지 않고 있다.

한국의 세계기록유산

2017년 등재 기준으로 세계기록유산으로 등재된 기록유산은 124개국, 8개

기구, 432건에 이른다(유네스코 한국위원회 홈페이지 http://heritage.unesco.or.kr 또는 유네스코 홈페이지 https://en.unesco.org/programme/mow/register 참고). 이중 한국의 등재 기록물은 16건으로 세계에서 4번째로 많은 세계기록유산을 보유한 국가의 하나이며, 향후에도 등재의 대상이 될 수 있는 기록물이 무궁무진한 편이다. 한국의 세계기록유산 등재 목록과 등재된 주요 가치를 아래에 간략히 서술한다.(보다 자세한 내용은 한국국학진흥원에서 간행한 『한국의 세계기록유산』, 2018.12. 참조).

1. 훈민정음해례본訓民正音解例本
- 1997년 등재.
- 문자 창제의 원리를 담은 세계 유일 기록.

2. 조선왕조실록朝鮮王朝實錄
- 1997년 등재.
- 427년간 한 왕조의 역사적 기록. 세계에서 가장 긴 시간에 걸친 기록.

3. 백운화상초록불조직지심체요절白雲和尙抄錄佛祖直指心體要節(하권)
- 2001년 등재.
- 현존 세계 최고最古 금속활자본.

4. 승정원일기承政院日記
- 2001년 등재.
- 세계 최대의 연대기年代記.

5. 고려대장경판高麗大藏經板 및 제경판諸經板
- 2007년 등재.
- 가장 오래되고 가장 정확하며 완벽한 불교 대장경을 인쇄한 목판. 가장 뛰어난 목판 제작술.

6. 조선왕조의궤朝鮮王朝儀軌
- 2007년 등재.
- 조선왕조의 주요 의식을 방대한 양의 그림과 글로 체계적으로 서술.

세계기록유산전시체험관

7. 동의보감東醫寶鑑
- 2009년 등재.
- 세계 최초의 예방의학서, 공중보건 의학서.

8. 일성록日省錄
- 2011년 등재.
- 동서양의 정치, 문화교류를 상세히 기록한 국왕의 일기.

9. 1980년 인권기록유산 5·18민주화운동 기록물
- 2011년 등재.
- 광주 민주화 운동의 시작과 진압과정, 진상규명, 보상 등에 관련된 모든 문건. 한국의 민주화, 인권을 높이는데 큰 역할을 하였으며 필리핀, 태국, 베트남 등 아시아 각국의 민주화 운동에 큰 영향.

10. 난중일기亂中日記 : 이순신장군의 진중일기陣中日記
- 2013년 등재.
- 전시에 지휘관이 작성한 독특한 기록물. 국제전이었던 임진왜란 당시 전황

유교책판 등재기념비

UNITED NATIONS EDUCATIONAL, SCIENTIFIC
AND CULTURAL ORGANIZATION

Certifies the inscription of

Confucian Printing Woodblocks

Cultural Heritage Administration
(Institution)

Daejeon   **Republic of Korea**
(Town)   (Country)

ON THE MEMORY OF THE WORLD INTERNATIONAL REGISTER

9 October 2015
(Date)

Irina Bokova
Director-General, UNESCO

유교책판 등재인정서

기탁문중 인정기념패

에 대한 상세한 기록, 당시의 기후, 지형, 일반 서민의 삶까지 기록한 중요 연구자료.

11. 새마을운동 기록물
- 2013년 등재.
- 빈곤퇴치, 여성인권향상, 근대화의 모델로서 현재까지 전 세계 18개국에서 157개 사업이 진행, 학습자료로 활용.

12. 한국의 유교책판儒敎冊板
- 2015년 등재.
- 제작과정, 비용 충당 등 공동체 출판이라는 독특한 출판방식, 500년 이상 지속된 유학을 바탕으로 한 집단지성의 결과물.

13. KBS특별생방송 〈이산가족을 찾습니다〉 기록물
- 2015년 등재.
- 1983년 6월 30일 밤 10시 15분~11월 14일 새벽 4시까지 진행된 단일방송으로 가장 긴 138일간의 기록물. 전쟁에 대한 교훈을 수록.

14. 조선왕실 어보御寶와 어책御冊
- 2017년 등재.
- 조선왕실의 의장용 인장과 교서. 1392년~1966년까지 570년이라는 장기간에 걸쳐 지속적으로 제작, 봉헌한 유일한 사례. 당대의 정치, 경제, 사회, 문화, 예술 등의 시대적 변천상을 반영.

15. 국채보상운동國債報償運動 기록물
- 2017년 등재.
- 가장 긴 기간 동안 전 국민이 참여한 자발적 국민 기부운동. 당시의 역사적 기록물이 온전한 상태로 보존.

16. 조선통신사朝鮮通信使에 관한 기록물
- 2017년 등재.
- 한국과 일본 양국 공동 등재. 17~19세기 한·일간 평화 구축과 문화교류의

역사로서, 단순히 전쟁 재발 방지라는 목적을 넘어 신뢰를 기반으로 한 조선과 일본의 평화와 우호를 상징하는 기록물.

한국은 16개의 세계기록유산과 함께, 유네스코 아시아·태평양지역 기록유산MOWCAP(Memory of the World Committee for Asia/Pacific)에도 3개의 지역목록을 소장하고 있다. 그 목록은 2016년 한국 최초로 MOWCAP에 등재된 〈한국의 편액扁額(한국국학진흥원)〉과 2018년 〈만인의 청원, 만인소萬人疏(한국국학진흥원)〉와 〈조선왕조 궁중 현판懸板(고궁박물관)〉 등 3점이다.(MOWCAP의 전체 목록과 간략한 설명은 한국국학진흥원에서 간행한 『유네스코 아시아태평양지역 기록유산』, 2018.8. 참고).

유교책판의 이해

2015년 10월 10일, 한국국학진흥원이 유네스코 세계기록유산으로 등재를 신청한 〈한국의 유교책판〉이 세계기록유산으로 선정되었다. 모두들 〈유교책판〉이란 이름도 너무 생소하였고, 도대체 왜 세계기록유산이 되었는지 의아해 하였으며, 지금도 잘 모른 채 벌써 5년이 지났다. 이에 간략하게나마 세계기록유산으로 등재 신청할 때 제시한 논리가 어떤 것인지, 논리를 찾아낸 과정은 어떠했는지 되돌아보고자 한다.

등재신청서 작성 준비

유네스코 세계기록유산의 등재를 위해서는 가장 먼저 문화재청에서 제공하는 등재신청서를 작성한 후, 문화재 위원들의 심사를 거쳐 한국의 등재후

보로 선정되어야 한다. 선정된 신청서는 영어나 프랑스어로 번역하여 유네스코에 제출하고, 유네스코에서는 매년 짝수 해에 세계 각국에서 신청한 신청서를 모아 심사하고 이듬 해 홀수 해에 유네스코 세계기록유산으로 선정, 공포하면 세계기록유산으로 등재가 끝난다.

신청서에는 가장 먼저 신청 기록물의 개요를 서술해야 하는데, 개요를 영어로 번역하였을 때 200단어를 초과할 수 없도록 규정하고 있다. 이어 진정성, 세계적인 중요성, 대체불가능성 등을 압축하여 정리해야 하며, 특히 최근에는 보존 계획에 대한 상세한 내용을 요구하고 있는데, 이는 바로 세계기록유산 사업의 본질과 직결되기 때문이다.

등재신청서의 작성에 대해 간략하게 설명했지만, 신청서의 내용을 충족시키는 결과물을 얻는 과정은 너무나 힘들었다. 특히 〈유교책판〉은 단일 기록물이 아닌 시간과 저자, 내용이 서로 다른 718종의 방대한 기록물로 구성되어 있으며, 목판인쇄의 종주국을 자처하는 중국의 존재, 너무나 낮은 인지도 등 어려운 과제가 산적해 있었지만, 이에 비하여 시간과 인력은 터무니없이 부족했다.

한국국학진흥원에서는 2002년부터 〈목판 10만 장 수집운동〉을 전개하여 비교적 짧은 시간에 큰 성과를 올리면서, 기탁 받은 목판의 활용문제가 제기되었다. 논의의 결과 세계기록유산으로 등재를 추진하자는데 의논이 모아졌고, 2007년에 처음 신청을 했으나 1차 심사도 통과하지 못하였다. 등재신청을 하면서 신청한 목판이 몇 종인지도 모르고 전체의 숫자만 파악하여 신청할 정도로 당시에는 누구나 할 것 없이 세계기록유산에 대해 무지했던 때였다.

한국국학진흥원에서는 2011년 목판연구소를 설립하면서 본격적으로 등재 준비를 시작하였다. 준비의 과정을 세세하게 설명할 필요는 없을 것 같고, 당시 등재를 위해서 사전 준비한 내용을 정리해 보았다.

첫째, 가장 기초적인 것으로 소장 목판의 종류와 정확한 숫자를 파악하는 일이었다. 당시 장판각 안에는 책을 찍어내기 위한 목판[책판], 표지를 만들기 위한 능화판, 큰 글씨를 새긴 서판, 계선판 등 다양한 종류의 목판이 분류되지 않고 기탁 문중별로 전시되어 있어서 우선 등재 대상을 무엇으로 할 것인가를 결정해야 하는데, 필자는 등재신청서 작성의 효율성을 위해서는 책판만 대상이 되어야 한다고 생각하였고, 책판의 종류와 숫자를 파악하는 일을 우선 시작하였다(이하 책판은 목판으로 통일하여 사용한다. 단 〈유교책판〉만은 예외로 책판이라 칭한다). 그런데 책을 찍어낸 목판 안에는 초간본, 중간본, 추각본, 보각본 등등 판본이 혼합된 것이 많아 이에 대한 분류를 위하여 소장 목판에 대한 재조사를 요청하였으나 시간이 부족하다는 이유로 거절당하였고, 결과적으로 판각 시기 등에 대해 약간의 오류가 발생하였다.

둘째, 중국 목판과의 차별화가 반드시 필요하였다. 중국은 목판인쇄가 처음 시작되었다는 자부심과 실질적으로 인지도나 수량 등에서도 우리를 압도하였다. 또한 유네스코의 심사위원에 분명히 중국 관계자도 포함되어 있는데, 이를 극복하기 위해서는 중국과의 차별화가 반드시 우선되어야만 했다.

셋째, '책이 있는데 왜 목판을'이라는 세간의 선입견을 극복하는 문제였다. 솔직히 당시에는 스스로도 목판의 중요성에 대해서는 잘 알지 못하고 있었기에 이 문제를 해결하지 못하면 절대 등재신청서를 작성할 수가 없다는 것을 너무나 잘 알고 있었기 때문이다. 이 문제는 목판 자체의 기록유산적 가치를 찾아내는 일로 등재신청서 준비의 핵심 내용 중 하나였다. 이전까지는 단순 작업으로 목판조사만 했다면, 지금부터는 목판 조사와 목판 공부와 등재 준비를 동시에 해야 하는 어려움이 있었다.

넷째, 세 번째와 연결되는 것으로 718종의 공통된 성격을 어떻게 규정하는가를 해결하는 문제였다.

등재신청서를 준비한 2012년과 수정작업을 계속한 2013년은 위의 문제를 해결해 나가는 과정이었으며, 준비 과정에서 돌발적으로 생겨난 숱한 문제들은 한국국학진흥원 구성원들의 전폭적인 도움으로 하나씩 해결할 수 있었다.

중국 목판과의 차별화

첫 번째의 책판만을 대상으로 하겠다는 문제는 큰 어려움 없이 동의를 얻을 수 있었다. 다만 시간의 문제로 판본에 대한 조사는 할 수 없었기 때문에, 수시로 장판각을 드나들면서 해결한다고는 했지만 결과적으로는 약간의 오류가 있었다는 점을 인정하지 않을 수 없다. 한 가지 예를 들어 보자. 풍

장비록 16권본

장비록 2권본

산류씨 충효당에서 기탁한 서애 류성룡의 『징비록』을 등재신청서에는 판각 연대가 1695년이며, 숫자는 모두 244장이라 기록하였지만, 사실은 244장 중 242장은 18세기 후반에 판각한(정확한 연대는 알 수 없다) 16권본 목판이며, 나머지 2장은 17세기 중반으로 추정되는 2권본인데 이를 놓친 것이다. 물론 전체 숫자 64,226장은 변함이 없지만 이를 놓친 것은 두고두고 아쉬운 점으로 남아 있다.

등재신청서의 작성에서 우선 할 일은 중국과 한국의 목판의 차별화였다. 목판은 책을 찍기 위한 것이고, 찍어낸 책은 지식을 보급하기 위한 것이라는 기초적인 관념으로는 1종의 목판으로 찍어내는 출판량으로 볼 때 도저히 중국과 비교할 수 없었기 때문이다. 이 문제의 해결은 중국양주조판인쇄박물관에서 마구리도 없고, 광곽匡郭만 판각된 중국 목판을 처음 봤을 때 우리와는 좀 다르게 생겼다는 정도만 생각했었는데, 우연히 약천藥泉 남구만南九萬의 문집에서 중국 목판에 대한 몇 줄의 기록을 찾으면서 실마리가 풀렸다.

남구만은 1684년에 사신으로 중국을 다녀 온 후 중국의 출판에 대해 간단한 언급을 남겼다.(남구만, 『약천집』)

> 또 들으니, "(전략) 만약 책을 인쇄하고자 하면 먼저 종이를 장만해서 종이의 숫자대로 인쇄할 책의 분량을 계산한 다음 첫 번째 장을 판각하여 몇 천 또는 몇 백 본을 찍어 내고, 인쇄가 끝난 다음에는 즉시 판각한 면을 평평하게 깎아 내고 이어서 두 번째 장을 판각하며, 또 그 숫자대로 다 인쇄한 다음에 뒤이어 세 번째 장을 판각한다. 이 때문에 인쇄하는 일이 비록 많아도 목판을 보관하는 곳이 없다" 하였다.

요약하면 중국의 목판은 인출한 이후 판면을 깎아내고 다시 사용했다는 것과, 목판을 보관하는 시설도 없었다는 것이다. 그런데 왜 한국 목판은 지금 원형 그대로 남아 있고 장판각에 넣어 보관하고 있을까? 결론적으로 이

중국 목판

기록은 당시의 중국 출판은 이미 상업출판의 단계였으며, 상업 자본가들은 최대의 이익을 얻기 위해 목판을 재사용하였다는 것과 장판藏板을 할 필요가 없었기 때문에 책의 내용이 들어가는 부분만 나무를 재단하여 목판을 만들었다는 것을 알게 되었다. 명·청시대의 중국 출판은 과거科擧를 위한 수험서 등이 집중적으로 간행된 반면 조선의 출판은 개인의 문집 간행이 출판의 주류를 이루고 있었으며, 마구리를 만들어 판면을 보호하고 장판각을 지어 오래 보존하고자 한 것이 가장 중요한 중국과의 차별화란 결론을 내리게 되었다. 즉 〈유교책판〉은 처음부터 보존하기 위해 만든 인쇄매체라는 것이다.

왜 목판인쇄를 고집했을까?

현재 책판을 판각하는 각자장들에게 1장의 목판으로 인출할 수 있는 양을 물어보면 대개 2~3만 장 정도는 충분히 인출할 수 있다고 한다. 이는 목판인쇄가 가진 최대의 장점인 다량의 인쇄가 가능하다는 것을 말해 주는 의미이다.

19세기 말의 유학자 면우俛宇 곽종석郭鍾錫(1846~1919)은 도산서원을 찾아 『퇴계선생문집』 책판을 친견하고 그 소회를 시로 남겼다.(『면우집』)

> 不煩揮寫日千張   붓 들어 쓰지 않고도 하루에 1천장
> 此是吾家無盡藏   유가儒家의 무진장은 바로 이 목판이네.

하루에 천장을 인출할 수 있다는 것은 매우 많다는 것을 상징하는 숫자일 뿐, 보통은 하루에 200~250장 정도 인출할 수 있지만, 위의 시는 목판이 갖는 다량 인출의 장점을 강조한 것으로 이해된다.

그렇다면 과연 조선시대에는 1종의 책을 어느 정도 간행했을까? 조선 중

종 때 『삼강행실三綱行實』을 2천 9백 40질帙 간행한 것이 조선시대에 가장 많이 간행한 책의 숫자라고 한다.(중종실록, 중종 6년 10월 20일) 그런데 이는 매우 예외적인 경우이며 대개는 이보다 훨씬 적은 양의 출판에 그쳤다. 이혜은은 조선시대 서적 1종당 평균 발행부수가 15세기 158부, 16세기 381부, 17세기 430부, 18세기 279부 정도라 하였다.

그런데 〈유교책판〉은 다량의 출판이 가능한 목판의 장점과는 처음부터 거리가 먼 인쇄 매체였다. 문집의 경우 보통 30~40질, 많아야 100~200질정도 출간했을 뿐으로, 한 장의 목판으로 2~3만장 정도 인출이 가능하다는 장점과는 너무나 동떨어진 숫자이며, 더구나 목판 제작에 투입된 비용과 대비하면 대단히 비효율적인 인쇄매체임을 알 수 있다.

왜 이렇게 비효율적인 목판으로 책을 간행했을까? 보다 비용이 싼 목활자도 있었고, 19세기 말에는 이미 서양의 활판인쇄가 도입되었으며, 1920년 대 이후부터는 훨씬 싼 가격과 짧은 시간에 많은 양의 책을 만들 수 있는 석인본도 널리 퍼졌는데 왜 20세기 중반까지 목판을 고집했을까?

선생의 도가 그 안에 있나니

고봉 기대승은 "주자가 평생 논저하신 것은 모두 『주자대전朱子大全』에 기재되어 있는바 모두 100여 권이나 된다. (중략) 지난해 황준량黃俊良이 이것을 성주星州에서 인쇄하였고, 지금 정주목사定州牧使로 있는 류중영柳公仲郢이 황해도관찰사로 있으면서 또 인쇄하였으며, 그 뒤에 또 평양에서 인쇄한 적이 있었는데, 모두 활자를 사용하였으므로 인쇄가 끝난 다음에는 곧 훼판毀板하였고 인쇄한 것도 얼마 되지 않았다. 그리하여 학자들은 널리 전포傳布되지 못함을 안타깝게 여겼다. 유공이 정주목사로 나가자 마침내 영원히 전할 계책을 세워 각수刻手들을 모으고 목재를 모아 정사해서 판각하였다."

라고 하였다.

활자는 인쇄가 끝난 후 활자판이 곧 훼판되었다는 것과, 영원히 전할 계책으로 목판으로 다시 책을 찍었다는 대조되는 글귀에서 왜 목판으로 책을 만들고자 고집한 이유가 확실하게 나타나고 있다. 수전壽傳, 광포廣布라는 두 단어는 문집의 발간 과정을 간략하게 설명하고 있는 서문이나 발문에 모두 나온다고 해도 틀린 말이 아닐 정도로 목판으로 책을 만든 이유를 확실하게 설명해 주고 있다.

이와는 또 다른 몇 가지의 기록을 살펴보자. 연산군은 무오사화에 연루된 김종직의 문집 판본을 훼판毀板하고 불태우라 하였고,[연산군일기, 연산군 4년(1498년 7월 17일)] 유학幼學 조덕기趙德器 등은 강화도에서 절의를 잃고 효종을 비방한 윤선거尹宣擧의 책판을 헐어버려야 한다고 상소하였다.[승정원일기, 영조 1년(1725년 2월 27일)] 경상도 유생들은 정인홍鄭仁弘과 이이첨李爾瞻과 어울리면서 이이李珥와 성혼成渾을 헐뜯었다는 이유로 이미 죽은 현감 하홍도河弘度의 책판을 부수자고 청하였다.[일성록, 정조 3년(1779년 11월 11일)] 대원군은 병호시비를 보합하기 위해 안동부사에게 편지를 보내 설득하였으나 실패하자『대산선생실기大山先生實記』와『여강지廬江誌』목판을 거두어 안동부 관정官庭에서 이를 모두 부숴버렸다.

이미 김종직은 죽어 부관참시를 당했는데 왜 목판을 불태웠을까? 왜 이미 사망한 대산 이상정의 목판을 부숴버렸을까?

바로 목판이 하나의 상징물이었기 때문이다. 조선의 유학자들에게 목판은 단순한 인쇄 매체가 아닌 유학자들의 학문과 도道를 유지하는데 반드시 필요한 것으로 여겼기 때문이다. 선현先賢의 도道가 책에 남아 있고, 책을 찍어 낸 책판은 '선현의 도를 유지하는데 반드시 필요한 물건冊板赤衛道之一資'(정구,『한강선생문집』)이라는 인식을 가지고 있었기에, 정부에서는 형벌과는 별개로 목판을 부수거나 불태우는 일로 학자의 존재와 학문 자체를 부정하고자 했다.

공론과 공동체출판

목판으로 책을 만들기를 고집한 조선에서는 책을 만들고 남은 목판을 영구히 보존하고자 했다. 목판에는 선현, 선생의 학문과 도가 들어 있어서 목판을 지키는 일이 곧 선생의 학문을 지키는 일로 여겼기 때문이다. 이러한 관념은 조선과 같은 시대인 중국 명·청시대의 상업출판과는 확연히 다른 출판 형태를 보여주게 되었다. 특히 개인의 저작인 문집의 발간에서 특별한 차이를 보여 주고 있었는데, 등재신청서의 주요 개념이 중국의 상업출판과 대비시키는 과정에서 나오게 되었다. 바로 〈공론公論〉과 〈공동체출판共同體出版〉이란 개념으로, 이 두 가지 개념은 주로 〈유교책판〉의 80% 이상을 차지하는 문집을 중심으로 적용되었다.

그렇다면 공론이란 무엇인가?

공론은 다른 말로 공의公議라고도 하는데, 간단하게 '지역사회 유림들의 여론與論' 정도로 축약할 수 있다. 중국에서도 유학자들의 문집을 간행하는

간역시 일기 - 퇴계선생문집

간역시 일기 - 번암집

데 당연히 공론이 작용하였다. 그러나 중국의 공론은 송宋, 원元을 거쳐 명明으로 내려오면서 점차 약화되기 시작한 반면, 조선에서는 오백년 역사 전체를 통하여 공론의 작용이 멈추지 않았다. 어떤 연구자는 일제 강점기는 물론 영남지방의 경우 한국전쟁 전후까지 공론이 작용되었다고 단언하고 있다.

한국국학진흥원에는 문집을 목판으로 간행할 당시의 모든 기록을 담은 〈간역시일기刊役時日記〉가 다수 남아 있는데, (이 책은 2015년에 번역본으로 출판되었다) 이 일기 중에서 공론이 형성되는 모습을 살펴보자.

〈번암집樊巖集 간소일기刊所日記〉 성책 130.
· 순조 23년(1823년) 7월 8일.

계미년 7월 8일은 시사단비試士壇碑를 중건하는 도회道會 날이었다. 모인 인원은 400여 인이었다. 시사단비의 중건도감 추천을 논의한 뒤에 공사원公事員 김영민金永敏과 안원安㥽이 "비석을 중건하는 일은 이미 논의가 결정되었고, 『번암집』 간역이 다음의 일입니다. 지금 이 도회 자리에서 도내에 발의하여 논의를 결정하는 자리로 삼는 것이 어떻겠습니까?"라고 발의하니, 모두가 "참으로 옳소, 옳소"라고 하였다. 간역도감刊役都監 교정校正으로 모두 19인을 추천하였다. 날이 저물어 자리를 끝낸 뒤에 전교당典教堂에 들어가서 서로 마주보며 경계하여 말하였다. "오늘 이 모임은 선조先朝의 특별한 대우가 있었던 곳이 되었기 때문에, 아래로 번옹樊翁의 의리에까지 미쳤으니, 수십 년 재앙 끝에 다행히 오늘을 보게 된 만큼 우리 영남의 사대부들이 결단코 한 마음으로 일을 해나가야 되지, 근년에 우리 영남의 갈라진 의논이 그 사이에 뒤섞여 들쑥날쑥했던 것처럼 해서는 안될 것이오. 각자가 경계하고 두려워하는 마음으로 힘써 종사해야 할 것입니다." 모임은 참으로 좋았다. 마침내 도내의 각 향교와 서원에 통문을 내었다.

당시 영남지방은 병호시비의 격화로 사대부들은 병파와 호파로 나뉘어

격론이 오가던 때였으나, 번암 채제공의 문집 간행을 의논하면서 병파와 호파를 막론하고 힘을 합쳐 문집 간행에 매진하자는 공론이 형성되어 나가는 모습이다.

물론 조선시대에 간행된 모든 문집이 공론에 의해 발간되었다는 것은 아니었다. 개인이 경비를 부담하여 선조의 문집을 간행하는 일이 공론에 의한 간행인가는 재고의 여지가 분명히 있지만 주변의 학자들에게 원고의 교정이나 편차를 부탁하고, 서문과 발문을 얻어 문집에 첨부하는 것도 형식적으로는 공론을 거치는 과정이 아니었을까 생각된다.

공론에 의한 문집 간행이 위기를 맞게 된 것은 1909년 2월에 일제가 제정한 〈출판법〉의 덫 때문이었다. 출판법에 의하면 출판은 지방관이나 내무대신의 허가를 받아야 하며, 원고검열과 납본검열이라는 이중검열제도를 거쳐야만 했다. 이는 모든 출판물의 초판이나 재판에도 마찬가지로 적용되었으며 개인의 문집 간행도 예외는 아니었다. 이때 간행된 문집의 말미에는 식민지 당국의 출판허가를 받았다는 표시로 판권지板權紙가 첨부되어 있다. 1935년에 경주의 관가정觀稼亭에서 출간한 『우재선생문집』에는 문집의 간기와 판권지가 동시에 판각되어 있는데, 간기와 판권지의 목판 형태를 보면 출판법에 의해 어쩔 수 없이 판권지를 첨부하지만 목판의 일부로는 인정하지 않는다는 소극적인 저항의 한 모습을 보여주듯 목판의 형태가 완전히 다른 것을 알 수 있다.

둘째, 공동체 출판이다. 공동체 출판이란 향중鄕中에서 공론公論에 참여한 인물들이 문집의 간행을 인정하면서 동시에 출판 경비도 함께 십시일반 부담하여 문집의 간행에 참여하는 것을 말한다. 공동체 출판과 모든 목판은 분명히 소유주가 있지만 동시에 공동체 출판에 참여한 후손들은 '향중의 소유'라는 인식을 갖는 계기가 되었다.

우재선생문집 - 간기

우재선생문집 - 판권지

- 4월 21일. 본 고을 진사 권영흡 등 세 사람이 부조금 10냥을 갖고 왔다.
- 4월 26일. 간역 경비를 거두는 일로 하인을 단계서원에 보냈는데, 김참판이 김낙안에게 편지를 써서 단계서원으로 가는 사람 편에 부쳐 남아 있는 돈을 독촉하였다.
- 4월 27일. 상주 도청 진사 강굉흠이 본 고을에 배정된 간역 비용 130냥을 가지고 왔다.
- 5월 7일. 소천 정씨 문중에서 부조금 5냥을 가지고 왔다. 본 고을 권흡이 부조금 2냥을 가지고 왔다. 삼산 류씨 문중에서 부조금 7냥을 보내왔다.
- 5월 9일. 자인 유학 최발이 본 고을에 배정된 돈 5냥과 최씨 문중의 부조금 5냥을 가지고 찾아왔다. (이상 〈변암집〉 간소일기)

- 5월 5일. 추원재에서 부조 20꿰미繦를 보내왔다.
- 7월 25일. 귀내龜川 전보현이 부조금 2꿰미를 가지고 보러왔다. (이상 〈매헌집〉 선조문집간역시일기)

 위 기록들은 『간역시일기』를 펼치면 어디서나 찾을 수 있는 내용의 일부분이다. 구체적으로 하루하루 누가 얼마를 부조했다는 기록도 나오지만, 〈부조기扶助記〉를 아예 따로 만들어 어느 문중의 누가 얼마를 부조하였다는 것을 소상히 기록하기도 했다. 처음 이 기록들을 봤을 때는 단순하게 지역의 친분있는 유림이나 문중들이 간역 경비의 일부를 도와준 것으로만 이해했었다. 그런데 우연히 목판을 기탁받기 위해 경상북도의 어떤 문중을 방문했을 때 종손과 동네 어른들이 나누는 대화를 듣게 되었다. 목판의 법적 소유자는 비록 종손이지만, 종손 것만이 아닌 향중의 소유라는 인식을 단적으로 보여주는 짧은 대화였다.

동네어른 A : 아재요, 목판을 와 들어내요?

종손 : 어, 한국국학진흥원에 기탁할라꼬.

동네어른 A : 기탁요? 그걸 와 아재 마음대로 기탁하요?

종손 : 우리 할배꺼 내가 기탁한다는데 니가 와?

동네어른 A : 그기 와 아재 할배꺼요. 그거 만들 때 우리 할배도 같이 만들었고, 저 아재 할배도 돈을 냈는데?

동네어른 B : 맞다. 그거 기탁할라믄 서로 의논해서 정해야지 아재 혼자서 그라믄 안되제.

설마 동네 어른 A와 B가 백년 이백년 전에 얼굴도 모르는 할배가 낸 10냥 20냥이 아까워서 그랬을까? 공론에 참여한 향중의 일원이라는 생각을 아직도 가지고 있었기 때문에 나온 대화가 아닐까? 이 목판은 아직도 기탁되지 못하고 문중의 장판각에 보존되어 있다.

지금 책판 1장을 판각하는데 재료비, 인건비 등을 모두 포함하여 최소 500만 원 이상이 필요하다. 물론 조선시대와 지금의 경비를 등가等價로 비교할 수는 없지만, 1천 장이 넘는 『퇴계선생문집』을 판각하기 위해서는 최소 50억 원 이상이 필요했으며, 여기에 인출에 필요한 종이, 먹 등의 가격을 합치면 상상 이상의 경비가 필요한 사업이 된다. 북경대학의 서지학자 소동발蘇東發 교수는 목판의 가격이 인출하는 종이 값의 거의 20배 정도라는 연구를 발표했다. 당연히 책의 인출 양에 따라 종이의 수요가 결정되지만, 이 계산에 의하면 『퇴계선생문집』을 간행하는데 판각 비용 50억 원과는 별개로 2~3억 원 이상의 비용이 더 필요했다는 의미가 된다.

이러한 천문학적인 금액을 종손 개인이나 문중, 서원 등이 감당하기는 사실상 불가능하며, 경비의 문제를 넘어서는 공동체의 사업으로 인식했었기 때문에 십시일반 부조를 하고, 또 그 부조의 내역을 빠짐없이 기록에 남겼던 것이다. 바로 여기에서 중국의 상업출판과는 차별화되고, 세계 어느 곳의 출판에서도 찾아볼 수 없는 조선 향촌사회 공동체가 가진 출판의 실체가 있었던 것이다. 이러한 상황을 살펴 공동체가 경비를 담당하고 공동체가 출판하여 공동체가 관리하는 유교책판의 출판 형태를 〈공동체 출판〉이란 단어로 요약, 수록하게 되었다.

하인천예下人賤隷도 모두 천성天性을 함께 받았으니

그 다음으로 해결해야 할 문제는 718종의 〈유교책판〉에 담긴 내용을 요약, 정리하는 일이다. 718종은 간행 시기도 서로 다르고, 저자도 서로 다르며, 저작물의 분량이나, 담고 있는 내용도 다를 뿐 아니라 그 수준도 모두 같다고 할 수는 없다. 그렇기에 718종이나 되는 〈유교책판〉의 전체를 관통하는 공통의 내용이 어떤 것이라고 규정하여 등재신청서에 수록하느냐가 가장 큰 난관이었다.

문집에는 저자들이 평생 궁구한 사상이 담긴 것은 분명한데 16세기에 살았던 유학자와 20세기에 살았던 유학자들이 공통으로 추구한 내용이 무엇인가를 찾아내야만 등재신청서의 가장 중요한 부분을 완성할 수 있었기 때문이다.

이 내용은 등재신청서의 당락을 결정짓는다고 할 수 있는 첫머리의 개요에 반드시 들어가야 하는 내용이기 때문에 더욱 어려운 문제였다. 분명히 입신양명立身揚名을 추구하는 내용이나, 과거科擧 공부의 요령을 적어 후손의 출세를 보장하려는 내용은 아니었을 것이다. 해답은 가장 기본적인 것에 있었다. 학문의 목적이 입신양명이 아닌 수기치인修己治人에 있다는 것, 자연의 법칙과 인간의 생활을 조화롭게 만들어 모두가 성인聖人의 길로 나아가는 길을 담고 있다고 보았다.

퇴계 이황선생의 적전제자 중 한명인 성재惺齋 금난수琴蘭秀의 문집에는 매우 흥미있는 글이 기록되어 있다.

"변란 이후에 인심이 날로 어지러워져서 형장刑杖과 태벌笞罰로서는 징악懲惡을 권면할 수 없었다. 이에 난수蘭秀가 부포동夫浦洞에 새롭게 약조約條를 세워 인정人情으로 이를 이끌고자 하였다. 하인천예下人賤隸도 비록 신분은 다르지만 모두 천성天性을 함께 받았으니 어찌 천하고 비루하다하여 함께 지선至善으로 인도하지 않을 수 있겠는가" 하였다.

이 기사는 임진왜란이 끝난 뒤인 16세기 말~17세기 초의 기록이다. 국법으로 정해 진 신분제도를 완전히 부인할 수는 없었지만, 하인천예도 양반들과 마찬가지로 모두 동일한 천성을 받은 인간이란 의식은 당시로서는 매우 혁명적인 인식이었다. 필자는 유교의 사상에 대해서는 완전히 무지한 상태로 퇴계선생이 말씀하신 경敬을 철학적으로 풀이할 능력은 없지만, 결국은 인간에 대한 공경, 자연에 대한 공경을 의미하는 것이 아니겠는가? 라는 생각을 늘 하고 있었다. 그 제자인 금난수가 '동일한 천성을 부여받았다'고 하는 의미도 결국은 다 같은 인간으로서의 공경을 말한 것이라 생각된다. 이에 718종 〈유교책판〉의 내용은 인간에 대한 공경, 도덕적인 인간상의 추구, 인륜공동체人倫共同體의 완성이라고 하는 인류 보편의 가치를 담고 있다고 결론을 내리고 등재신청서의 개요에 수록하였다.

후학은 선현의 학문을 본받고 선현의 논리를 더욱 발전시키기 위해 끊임없이 연구하고, 선현의 학문이 담긴 책판을 영구 보존하여 변하지 않는 학문의 상징으로 삼았으며, 선학과 후학이 책을 통하여 서로 소통하는 text communication의 원형이 〈유교책판〉이었다. 유교책판의 저자는 이미 사망하였으나 남은 목판은 저자의 내면을 다스리는 독백이었으며, 동시에 바깥 세상을 향한 발언의 통로였다. 이를 보존하고자 하는 후학들에게는 목판에 새겨진 선학, 선현들의 정신을 이어가고자 하는 상징적인 매개체로서 역할을 한 것이다.

이 결론을 내리는데 큰 도움을 준 한국국학진흥원의 몇몇 연구원들에게 많은 시간을 빼앗아 죄송스럽고 또 고맙다는 말씀을 꼭 드리고 싶다. 한 건물 안에 있다는 이유로 수시로 연구실을 드나들며 끊임없이 괴롭혔기 때문이다.

통계로 본 유교책판

2002년 한국국학진흥원에서는 〈목판 10만장 수집운동〉을 시작한 이후, 현재 약 67,000 여 장 정도가 기탁되어 장판각에 보존되어 있다. 지금은 67,000 여 장의 목판이 있으나, 세계기록유산은 2013년 8월 31일까지 기탁된 64,226장을 대상으로 하였으며, 나머지 목판은 곧 추가 등재를 신청할 예정이다.

본 장에서는 세계기록유산으로 등재된 〈한국의 유교책판〉을 각종 통계를 통해 살펴보고자 한다. 이미 언급하였듯이 등재 준비 당시의 준비 부족으로 세세한 부분에 약간의 오류가 없다고는 할 수 없지만 전체 맥락을 이해하는 데는 큰 지장이 없을 것으로 판단된다.

305개 기탁처 · 718종 · 64,226장

　유교책판은 모두 305개의 문중 또는 서원 등에서 기탁한 718종 64,226장이 세계기록유산으로 등재되었다. 718종 중 가장 판각 연대가 빠른 것은 1460년에 경북 청도의 밀양박씨 선암문중에서 기탁한 『배자예부운략排字禮部韻略』으로, 대개의 목판들이 그러하듯 『배자예부운략』도 1460년에 판각된 판과 1679년에 판각된 판이 섞인 혼판混板이다. 가장 시기가 늦은 것은 1956년에 판각된 박주종朴周鍾(1813~1887)의 『산천선생문집山泉先生文集』이다. 1956년에도 목판으로 책을 간행했다는 것에 신기하다는 반응을 보이기도 하지만, 실제로 목판 조사 과정에서는 그 보다 훨씬 늦은 1980년대에 목판으로 책을 간행한 사례도 있었다.

배자예부운략

8종류

처음 등재신청서를 제출할 때는 718종을 가나다 순서로 정리했는데, 종류별로 분류하는 것이 좋겠다는 문화재위원들의 의견을 받아들여 목록을 재분류하였다. 상당 기간 분류에 대한 고민을 했으나 주로 서양인으로 구성된 세계기록유산 심사위원들에게 동양서를 분류할 때 사용하는 경사자집 經史子集의 분류법보다는, 기존의 분류법을 무시하고 단순하게 정리하는 것이 좋겠다는 생각으로 이를 종류에 따라 모두 8종으로 분류하였다.

718종 중 조선시대 유학자들의 개인 저술인 문집이 583종(81.2%)으로 가장 많았고, 이어 성리서 52종(7.2%), 족보류 32종(4.5%), 예학서 19종(2.6%), 역사·전기류 18종(2.5%), 훈몽·수신서 7종(1.0%), 지리서 3종(0.4%), 기타 4종(0.6%)으로 분류를 하였다. 당시 시간이 촉박하여 내용을 깊이 살피지 못한 때문으로 2~3종 정도는 분류가 잘못되었다는 것이 나중에야 밝혀졌지만, 전체적으로 통계의 수치에 크게 어긋나는 것은 아니다. 이를 표로 정리하면 아래 [표 1]과 같다.

[표 1] 유교책판의 분류

종별	문집	성리서	족보	예학서	역사·전기서	훈몽·수신서	지리서	기타	합계
수량	583	52	32	19	18	7	3	4	718
비율	81.2	7.2	4.5	2.6	2.5	1.0	0.4	0.6	100

시기

718종을 다시 판각 시기별로 분류해 보았다. 그런데 사실 판각 시기의 구분도 약간의 오류가 있음을 말하지 않을 수 없다. 최소한 초간본 몇 장에 중간본 몇 장이 함께 있는 혼판混板이라는 정도의 언급은 있어야만 했지만, 시간적인 한계 때문에 세세하게 살피지 못한 점이 지금도 아쉬울 뿐이다. 당시 분류한 판각 시기는 아래 [표 2]와 같다.

[표 2] 유교책판의 판각 시기

시기	15세기		16세기		17세기		18세기		19세기		20세기		미상	합계
	후	전	후	전	후	전	후	전	후	전	후			
합계	1		6	13	20	43	77	126	156	237	2	37	718
비율	0.1		0.8	1.8	2.8	6.0	10.7	17.5	21.7	33.1	0.3	5.2	100

[표 2]를 보면 목판본 서책의 출간이 17세기부터 꾸준히 증가하여 19세기 말과 20세기 전반에 절정기에 이르렀음을 알 수 있다. 이는 718종이라는 〈유교책판〉의 특별한 경우가 아니라 대체적으로 영남지방, 더 나아가 조선시대 전체의 출판 상황과 별반 다르지 않음을 보여주는 통계이다.

저자와 지역

718종의 목판 중 문집이나 예학서, 역사서처럼 저자가 분명한 목판들도 있지만, 성리서나 족보 등은 보통 저자가 불분명하며, 저자가 확실한 경우도 저자의 생몰연대 등을 모르는 저작물도 다수 있었다. 처음 등재신청서를 문화재청에 제출하였을 때 이 부분에 대해 약간의 혼선이 생겼다.

이는 처음 제출할 당시 등재신청서의 기록물 명칭이 〈조선의 민간 유교책판〉이었기 때문이다. 즉 20세기에 판각된 목판 239종(33.4%)이 과연 〈조선시대〉란 시대 구분에 합당한가 하는 지적이 있었다.

처음 문화재위원들은 이 시기가 일제강점기이기 때문에 〈조선시대〉와 맞지 않는다는 의견과 함께 목록에서 제외할 것을 요구하였다. 그러나 한국국학진흥원의 입장에서는 쉽게 받아들일 수 없는 문제였으며, 이에 20세기에

박문서관 방각본 목판

판각된 목판들이 비록 일제강점기에 간행된 것은 사실이지만, 이들은 모두 조선시대에 활약한 인물들로 제외할 수가 없으며, 제목에서 조선시대와 민간을 빼고 〈유교책판〉으로 대체하여 승인을 받았다. 〈한국〉이란 제목은 문화재청과 상의하여 후일 추가 등재를 대비한 제목이다. 718종 저자들 중 생몰연대와 이름이 확실한 책판은 모두 577종이며, 이들의 사망 연도를 기준으로 아래의 [표 3]과 같이 분류하였다.

[표 3] 유교책판 저자들의 활동 시기

시기	고려	14세기	15세기		16세기		17세기		18세기		19세기		20세기	미상	합계
		후	전	후	전	후	전	후	전	후	전	후	전		
합계	15	3	11	16	20	66	126	70	55	76	48	46	18	7	577

지역별로는 경상북도 689종, 경상남도 28종, 서울 1종이다. 경상북도에서는 안동(223종), 봉화(50종), 대구(40종), 경주(36종), 구미(36종), 성주(35종) 등의 순서이며, 경남은 함안(10종)이 가장 많았다. 서울에서는 1종만 기탁되었지만, 한국에 거의 남아 있지 않은 방각본坊刻本 목판으로 그 장수가 689장이며, 내용은 사서四書와 사서언해四書諺解 등이다. 일제강점기 때 박문서관에서 판각한 목판으로 현재 근대문화재 541호로 지정되어 있으며, 근대의 한글 서체 연구와 방각본 연구에 매우 귀중한 자료이다.

결락

목판은 보존이 매우 어려운 문화재이다. 나무라는 재질의 특성상 습기와 충해에 취약하며, 목판의 소장이 노출될 경우 도난의 위험이 항상 뒤따르고 있기 때문이다. 또한 큰 부피와 무게 때문에 전쟁이나 재난이 발생했을 때 쉽게 안전한 곳으로 이동이 사실상 불가능하였다. 이런 이유로 〈유교책판〉 중 완질은 비교적 드문 편이며 1~2장이라도 결락된 목판들이 대다수였다. 718종에서 완질로 남은 책판은 전체의 약 23% 정도인 167종에 지나지 않으며, 5장 이하로 결락된 책판은 146종(20%), 1장만 남은 책판도 28종이나 되며, 10장 미만으로 남은 책판은 모두 94종(13%)이다. 한국국학진흥원에서 발간한 각 지역별 목판조사보고서와 비교하면 그래도 〈유교책판〉의 완질은 많은 편이라 할 수 있다.

생몰연대와 출간 시기

〈유교책판〉 718종 중 저자가 확실한 문집류는 모두 583종인데, 이중에서 저자의 생몰연대와 판각연대가 확인된 것은 514종이다. 이를 사망 연대와 비교하여 50년 단위로 살펴보면 50년 이내 발간된 문집류가 113종(22.0%)로 가장 많으며, 50~100년 사이가 66종(12.9%), 100~150년과 150년~200년이 각각 69종(13.4%)이다. 다음으로 200~250년 59종(11.5%), 250~300년 70종(13.6%), 300~350년 18종(3.5%), 350~400년 13종(2.5%), 400~450년 20종(3.9%), 450~500년 6종(1.2%)이며, 500년 이후에 간행한 것도 11종(2.1%)이나 된다. 가장 많이 간행된 연대는 사후 10년 안으로 모두 30종이며, 다음으로 20년~30년 사이가 28종으로 비교적 많은 편이다.

문화재 목판

718종의 〈유교책판〉은 유네스코 세계기록유산으로 등재되기 전에 국내에서 목판의 기록유산적 가치를 인정받아 국가지정문화재 또는 시도지정문화

퇴계선생문집

재로 지정된 목판도 다수 있었으며, 현재도 다수의 목판을 시도지정문화재 또는 국가지정문화재로 등록 준비를 하는 중이다. 현재 문화재로 지정된 목판은 총 13종으로 목록은 아래와 같다.

〈국가지정문화재〉

· 배자예부운략 : 청도 밀양박씨 선암문중. 보물 제917호
· 퇴계선생문집(초간본) : 도산서원 운영위원회. 보물 제1895호

〈시도지정문화재〉

· 해동속소학 : 청도 밀양박씨 선암문중. 경상북도 유형문화재 제208호
· 영가지 : 안동권씨 복야공파 길송문중. 경상북도 유형문화재 제224호
· 성리류선 : 반남박씨 판관공파 소고문중. 경상북도 유형문화재 제370호
· 노계집 : 영천 도계서원. 경상북도 유형문화재 제68호
· 익재난고 : 경주이씨 양월문중. 경상북도 유형문화재 제188호
· 휘찬려사 : 군위 부림홍씨문중. 경상북도 유형문화재 제251호

· 십사의사록 : 청도 밀양박씨 선암문중. 경상북도 문화재자료 제108호
· 운고문집 : 김해김씨 유수공파 소동문중. 경상남도 문화재자료 제549호
· 송은선생문집 : 밀성박씨 송은공파 시위종중. 경상남도 유형문화재 제351호
· 격재선생문집 : 일직손씨 대종중. 경상남도 유형문화재 제298호
· 박문서관 책판 일괄 : 교하노씨 노승주가. 근대등록문화재 제541호

글자

목판은 1장에 앞뒤로 800자를 기준으로 판각을 한다. 추정 숫자겠지만 한국의 기록유산인『승정원일기』는 모두 3,243책에 2억 4,250만 자字,『조선왕조실록』은 888책에 5,400만 자, 팔만대장경은 약 5,200만 자, 중국의 25사史는 3,386책 4,000만 자가 기록되어 있다고 한다. 유교책판은 모두 64,226장으로 앞 뒤 800자로 계산하면 약 5,138만 자 정도가 새겨져 있다는 추론이 가능하다. 단순 비교를 하면『조선왕조실록』에 버금가는 방대한 기록이지만, 결락된 목판의 숫자가 많다는 것을 감안하면 실제는『조선왕조실록』이나 팔만대장경보다 훨씬 분량도 많고 내용도 다양한 기록의 보물 창고라 할 만하다. 팔만대장경의 무게는 약 280톤 정도이며, 유교책판은 1장 평균 2kg로 보았을 때 약 128톤 정도로 추정된다.

무구정광대다라니경과 한국의 목판인쇄

무구정광대다라니경의 발견

 1966년 경주 불국사 석가탑을 해체, 수리하던 중 세계가 놀란 복장물腹藏物이 석가탑의 2층 탑신부에서 발견되었다. 바로 세계에서 가장 오래된 목판인쇄물로 인정받은 국보 126호 무구정광대다라니경無垢淨光大陀羅尼經이 그것으로, 종전에는 770년에 제작된 일본 나라奈良의 법륭사法隆寺에 소장된 〈백만탑다라니百萬塔陀羅尼〉가 가장 오래된 목판인쇄물로 알려졌으나 무구정광대다라니경이 그 자리를 대신하게 되었다. 현재 중국의 가장 오래된 목판인쇄물은 돈황敦煌에서 발견된 「금강바라반야밀경」으로 영국의 스타인이 발견한 것이다. 세계에서 가장 오래되었다는 강조가 진부하기는 하지만, 굳이 이를 말하는 것은 목판인쇄술의 종주국이라는 자부심을 가진 중국이 이를 절대 인정하지 않기 때문이다. 중국은 일관되게 무구정광대다라니경은 당唐에서 만들었고, 이를 통일신라가 수입하여 석가탑의 복장으로 안치했다고 주장하며, 북경의 인쇄박물관이나 중국 양주의 중국양주조판인쇄박물관에서도 무구정광대다라니경은 한국의 것이 아닌 중국의 것으로 소개되어 있다. 중국의 주장에 동조한 영국의 니덤Needham은 저서『중국의 과학과 문명』이란 책에서 통일신라가 무구정광대다라니경을 인쇄할 능력이 있었다는 것을 확실히 증명하는 자료를 제시하기 전에는 당나라의 것일 가능성이 높다고 하였고, 다른 서양의 책에서도 니덤의 견해를 받아 들여 무구정광대다라니경을 중국의 것이라고 소개하고 있는 실정이다.

한국 학자들은 여러 가지 방법으로 중국의 주장에 대하여 반박하고 있는데 서지학자인 천혜봉千惠鳳 교수는 우선 지질紙質이 닥나무로 만든 해묵은 한지韓紙로 중국 당대唐代의 마지麻紙와 확연히 구분되고, 필법筆法이 8세기 전기 신라에서 유행한 서법이라는 점으로 중국의 주장에 대해 반박하고 있다. 무구정광대다라니경을 만든 한지는 한국 특유의 흘림뜨기 방식으로 제작되었으며, 도침과 마연에 의한 가공법으로 만든 한국의 종이임이 분명하다고 밝힌 것이다.

이외에도 여러 학자들이 무구정광대다라니경의 기원 연대에 대해서 연구 결과를 발표하였으며, 이에 대한 평가와 비평은 청주대학교의 김성수 교수가 발표한 논문에 이미 일목요연하게 정리, 발표된 적이 있다. 이 논문을 통해

무구정광대다라니경 (복제본)

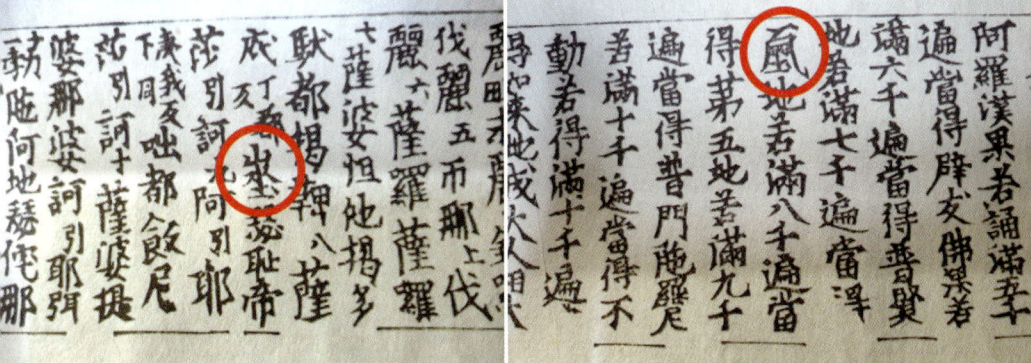

무구정광대다라니경에 사용된 무주제자

무구정광대다라니경의 기원 연대와 제작국에 대한 논란은 이미 종식된 것으로 보아도 무방할 것이다.

중국은 무구정광대다라니경에 이른바 무주제자武周制字가 사용된 것으로 보아 중국 당나라에서 만든 것을 신라가 수입하여 석가탑에 복장으로 넣었다는 주장을 계속하고 있다. 무주제자는 중국 유일의 여자 황제인 측천무후 재위시 만든 18자 글자로, 이중 무구정광대다라니경에 사용된 무주제자는 증證, 지地, 수授, 초初 등 모두 4글자이다. 무주제자는 무구정광대다라니경에만 사용된 것이 아니라 측천무후의 사후 약 100년 정도 더 사용되었다고 한다. 집안의 고구려 고분 묘지명墓誌銘에도 사용되었으며, 고려시대에도 일부 사용되었다는 점이 확인되면서 무주제자를 통한 중국의 주장은 설득력이 없어졌다.

무구정광대다라니경은 범어梵語로 된 경전을 구마라집鳩摩羅什이 704년에 한문으로 번역하였다. 그렇기 때문에 무구정광대다라니경은 시기가 아무리 빨라도 704년보다 앞설 수는 없다는 점은 확실하다. 석가탑이 완성된 때는 경덕왕 10년인 751년으로, 무구정광대다라니경은 704년~751년 사이의 어느 시기에 목판으로 인쇄되어 복장에 들어간 것이라 할 수 있다.

중국 목판인쇄의 역사

중국의 목판인쇄에 대한 기록은 11세기 중반 북송의 심괄沈括이 쓴 『몽계필담夢溪筆談』에서 "당唐 때 목판인쇄를 했으나 제대로 발전하지 못했고 오대五代 때 목판인쇄로 서적이 인행印行되었다"는 기록이 최초의 것으로 알려져 있다. 이에 대해 미국의 구드리치Goodrich는 "개원開元의 치세라 부르는 당의 현종(712~756년) 때로 추정된다"고 하였다. 대체적으로 목판인쇄술은 당나라 때인 8세기 중엽쯤 시작되었고, 9세기경에 인근 국가로 전파되었다는 것이 현재 중국 학계의 보편적인 견해이다.

일부 중국 연구자들은 목판인쇄술의 기원을 한漢나라 때 보급된 인장印章에서 단초를 찾기도 한다. 사실 인장을 새기는 기술은 목판인쇄술의 기본 원리와 같으며, 또한 금석문의 탁본도 목판인쇄의 출현에 보탬이 되었다고 주장하기도 하며, 더 나아가 목판인쇄술의 기원을 전국시대戰國時代까지 올려볼 수 있다고도 하지만, 극히 일부의 주장에 지나지 않는다.

『몽계필담』에서는 오대五代의 풍도馮道(882~954)가 『오경五經』을 처음으로 목판에 새겼다고 하였으나, 그보다 50년 정도 앞선 당나라 희종僖宗 중화中和(881~885) 연간에 시작되었다는 주장도 있다. 섭덕휘葉德輝(1864~1927)가 쓴 『서림청화書林淸話』에서,

> 중화 3년(883년) 여름은 난여鑾輿(당나라 희종)가 촉蜀에 머문 지 1년이 되던 때였다. 나는 중서사인中書舍人이 되어 열흘을 쉬면서 중성重城의 동남東南에서 책을 보고 있었다. 대부분 음양잡기陰陽雜記, 점몽占夢, 상택相宅, 구궁九宮, 오위五緯류의 책이었다. 또 자서字書와 소학小學류의 책이 있었지만, 대개 나무판에 글자를 새겨 종이에 찍어 낸 것으로 먹물이 번져 알아보기 어려웠다. 이것이 책에 목판본이 생겨난 시초가 된다.
> 6세 선조이신 송나라 소보공少保公(섭덕휘의 선조인 섭몽득葉夢得)의 『석림연어石

林燕語』에는 이런 말이 있다. "사람들은 나무판에 글자를 새겨 책을 인쇄하기 시작한 것이 풍도馮道에서 비롯되었다고 하지만 그렇지 않다. 다만 감본監本 『오경五經』을 풍도가 찍어냈을 뿐이다. 『유빈훈서柳玭訓序』에서는 그가 촉蜀에 있을 때 서사書肆를 둘러보고 자서字書와 소학小學은 대개 나무판에 글자를 새겨 종이에 인쇄한 것이다"라고 말했으므로 글자를 목판에 새겨 인쇄한 것雕板印書은 당나라에 본래 있었지만 지금처럼 정교하지 않았던 것이다.

이를 요약하면 중국의 목판인쇄술은 당나라 때 지금의 사천성四川省에서 시작되었다는 것과, 인쇄 기법이 정교하지 않고 경전經典이나 사부四部 및 쓸모 있는 책들이 아니었기 때문에 이야기하지 않았을 뿐이라고 하였다. 풍도보다 약간 앞선 당나라 희종 때는 9세기 후반으로 무구정광대다라니경과 비교하면 약 150년 이상 시기적으로 늦다고 할 수 있다. 그런데 9세기 후반의 목판인쇄기법이 아직 정교하지 않았다고 하면서 무구정광대다라니경이 당나라에서 목판인쇄로 간행되었다는 주장은 목판 판각의 기법 측면으로 볼 때 잘 납득하기가 어렵다. 이는 무구정광대다라니경의 인쇄 기법이 비교적 정교하고 숙달된 판각 기법으로 만들어졌다는 것이 현재 활동하고 있는 각자장들의 공통된 견해이기 때문이다.

한국이 목판인쇄의 종주국은 아닐까?

무구정광대다라니경이 통일신라에서 제작된 것이라면 목판인쇄술이 중국이 아닌 한국에서 먼저 시작되었을 가능성은 없는 것일까?

목판인쇄가 가능하려면 우선 인쇄 기법에 대한 지식과 함께, 종이와 먹이 필수 요소로 필요하다.

한국에서 종이가 사용된 정확한 기록은 없으나, 대개 4세기 말 불교의 전래와 함께 중국의 제지기술이 도입되었다는 것이 현재의 연구 결과이다. 고구려 영왕왕 32년(610년) 고구려의 승려 담징曇徵이 일본에 종이 제작 기술을 전파했다는 기록은 7세기 초에 이미 일본에 제지 기술을 전파할 정도로, 삼국시대에 제지 기법이 보편적으로 알려졌다는 뜻으로 해석해도 무방할 것이다.

먹의 제조 역시 정확한 시작 연대는 알 수 없지만 5세기 전반의 고구려 무덤인 중국 집안集安 모두루묘지의 전실前室에 가로세로로 그어진 계선界線 81항行에 각 항마다 10자字의 묵서墨書가 보이며, 일본 정창원正倉院에는 아직도 신라의 먹 2점이 보존되어 있는 것을 볼 때 이미 삼국시대에 먹이 널리 사용되었다는 것을 알 수 있다.

이렇게 보면 목판인쇄에 필수적으로 있어야 하는 한지와 먹은 무구정광대다라니경보다 훨씬 앞선 시기에 이미 널리 사용되었다고 볼 수 있어서 목판인쇄의 등장에 필요한 주변 상황은 무구정광대다라니경보다 앞선 시기에 이미 충족된 상태였다. 이렇게 보면 무구정광대다라니경이 만들어진 8세기 초중엽보다 훨씬 앞서 한국에서는 목판인쇄술이 나올 수 있는 조건을 모두 갖추었다는 추정이 가능하다. 작고하신 손보기 교수는 그의 저서『한국인쇄기술사』에서 무구정광대다라니경의 인쇄 연대가 경전이 한역漢譯된 연대보다 별로 뒤떨어지지 않았으며, 이에 따라 목판인쇄술의 기원을 중국과 거의 같은 시기 또는 세계에서 제일 빨랐을 수도 있다는 주장도 다시 되새겨봐야 할 의미있는 주장이 아닌가 한다.

아쉽게도 이를 증명할 수 있는 기록은 찾아볼 수 없지만,『삼국사기』나 『삼국유사』에서도 볼 수 없는 아주 흥미로운 기록이 구한말의 역사가이자 민속학자인 이능화李能和의『조선불교통사朝鮮佛教通史』에서 보인다.

> 『미륵불광사사적彌勒佛光寺事蹟』에서 말하기를 (중략) 담욱曇旭, 혜인惠仁 두 법사가 율부律의 소疏 36권을 저술하여 왕에게 바쳤다. 왕(백제의 聖王, 523~524) 은 비담毘曇에게 신율新律의 서문을 지어 태요전台耀殿에 받들어 간직하였다.

왕은 장차 목판에 새겨勅劂 널리 펴고자 하였으나 얼마 안 있어 붕어하였다.

이능화의 『조선불교통사』 백제 성왕 4년(526년) 기사의 비고備考에 나오는 이 기록에는 무구정광대다라니경보다 약 200년 정도 앞선 526년에 백제에서 불경을 목판으로 새겨勅劂 널리 펴고자 했다고 한다. 아쉬운 점은 『미륵불광사사적彌勒佛光寺事蹟』이란 책의 실체나 미륵불광사란 사찰에 대해서 어떤 정보도 확인할 수 없다는 것이다. 만약 이능화가 인용한 내용이 정확하다면 한국의 목판인쇄술은 무구정광대다라니경을 뛰어 넘어 6세기 초·중엽까지 기원을 올릴 수 있다는 가정이 성립된다. 향후의 후속적인 연구가 필요한 부분이라 생각된다.

문헌의 나라, 고려

목판인쇄술은 고려에 들어와 불교의 융성과 함께 불경 간행 등으로 크게 성행하여 판각 기법도 발전한 결과, 목판인쇄술의 정화라 할 수 있는 팔만대장경이 제작되었고, 내용과 판각 기법의 우수함을 인정받아 세계기록유산으로 지정되기도 하였다. 또한 고려시대에는 불경뿐만 아니라 각종 서적의 간행도 매우 성행하여 중국 송宋에서는 고려를 '문헌의 나라文獻之邦'라 부르면서 필요한 책을 고려에 요구할 정도였다. 송宋의 철종哲宗은 고려의 사신 이자의李資義에게 필요한 책의 목록을 주면서 서적의 부본을 보내 달라고 요청하였다.

> 병오丙午. 송宋에서 이자의 등이 돌아와 아뢰기를, "황제께서 고려에 선본善本인 책이 많다는 말을 듣고는, 관반館伴에게 명하여 구하고자 하는 책의 목록을 써 주었습니다. 그것을 주며 말씀하시기를, '비록 권제卷第가 부족한 것

이 있더라도 마땅히 전사傳寫하여 더해서 오라'고 하였습니다" 하였다. (『고려사』, 선종세가宣宗世家)

당시 송이 보내 온 책의 목록은 무려 127종에 달할 정도로 고려에서는 책의 출판이 왕성하였고, 이 책들은 아직 금속활자나 목활자가 만들어지기 전이기 때문에 모두 목판인쇄로 간행된 책들이 확실하다.

고려시대에 금속활자金屬活字가 발명되기는 했지만 그와는 별개로 오랜 시간 동안 보존할 필요성과 그림이나 지도 등 정교함을 필요로 하는 도판圖版의 표현이 가능한 목판인쇄술은 여전히 중요하였다. 또한 금속활자는 한 번에 인출할 수 있는 양이 매우 적어 국가의 수요 등에 국한하여 사용되었고, 많은 수요가 필요한 인쇄에는 목판인쇄가 계속 활용되었다.

또 다른 인쇄 매체인 목활자는 중국 북송北宋(960~1127)의 필승畢昇이 발명하였다. 1377년(우왕 3) 청주의 홍덕사興德寺에서 주자鑄字로 찍어낸 『불조직지심체요절佛祖直指心體要節』에 목활자가 혼용되고 있음을 보면 고려 후기에 이미 목활자가 사용되었다는 것을 알 수 있으나, 다량의 불경 인쇄에는 여전히 목판인쇄가 널리 사용되었다.

목판인쇄의 전성기

조선시대는 국초부터 억불抑佛 정책의 시행으로 사찰 중심의 목판인쇄는 일시적으로 침체되었지만 대신 숭유崇儒 정책으로 경서經書와 사서史書 등의 수요가 급증하면서 금속활자와 목판을 이용한 정부 주도의 관탄 출판이 빠르게 발전하였다. 조선 정부는 국가의 중요 문서나 서적 중 널리 반포하거나 오래 보존할 필요가 있는 책은 금속활자로 간행한 이후에도 다시 목판으로 번각본飜刻本을 제작하고 목판은 따로 보관했다. 이는 목판의 내구성과 재활

용성이 뛰어남을 말해주는 것으로, 중앙정부에서도 후일의 쓰임을 위해 목판의 보존에 대해 적극적이었다. 지방 군현에서 보관하고 있는 목판은 수령의 해유문기解由文記에 반드시 기재하여 인계하도록 하였고(세종실록, 세종 7년 9월 1日), 수시로 목판의 현황을 점거하고, 훼손된 것은 수리, 보충하여 보고하도록 하였다(승정원일기, 인조 7년 7월 14일).

조선의 출판은 기본적으로 중앙정부가 장악하고 있었지만, 16세기 이후 사림파가 정치의 전면에 등장하면서 자신들의 학문적 정통성과 혈연의 배타적 우위를 과시하기 위한 수단으로 문집文集과 족보族譜 등을 간행하면서 국가 이외의 민간 출판이 등장하는 계기가 되었다.

17세기는 각 도道에 감영이 설치되면서 감영판의 출간이 본격적으로 시작되었다. 주로 교화와 정령을 반포하는 서적들 위주로 간행하였으며, 관찰사 개인의 집안 문집이나 여러 가지 인연으로 연결된 유학자들의 문집을 간행하기도 하였다.

18세기 이후에는 서원書院이나 재실齋室 등을 중심으로 목판인쇄를 이용하여 성리서, 문집, 족보 등을 경쟁적으로 출간하면서 국가의 인쇄문화 독점이 상당 부분 민간에 의해 해체되고 사가본私家本 문집의 간행이 성행하게 되었다. 특히 그동안 국가에서 관장하던 금속활자조차도 민간이 사사롭게 주조하면서 금속활자의 국가 독점도 서서히 무너지게 되었다(영조실록, 영조 40년 10월 19일).

민간의 사가본 출간은 18세기 말 이후 본격화되었다가, 19세기 말에서 20세기 초에 이르러 절정을 이루게 되는데, 이 시기에 간행된 서적이 조선시대 전체 간행 서적의 60% 이상을 차지할 정도로 다량의 책이 출간되었다.

국가 기관이나 민간에 의한 출판과 함께 임진왜란 이후 조선에는 상품화폐경제가 서서히 진행되면서 이윤 추구라는 상업적 목적을 띤 방각본坊刻本도 나타났다. 임진왜란 이전 1576년에 간행된 어숙권魚叔權의 『고사촬요攷事撮要』「서책시준書冊市准」에 서적의 판매가가 적힌 것으로 보아 상업적 인쇄가 이미 일부 진행되었음을 짐작할 수 있고, 임진왜란 이후 훈련도감에서 운영 경비를 마련하기 위해 잠시 상업용 서적을 간행하기도 하였다. 하지만 본격적인 이익 추구를 위한 상업용 출판물인 방각본의 등장은 17세기 후반부터라 할 수 있다.

방각본에는 출판 장소, 출판자 이름, 상호 등이 명시되기도 하는데, 주로 서당의 교재로 사용되는 『천자문千字文』, 『명심보감明心寶鑑』, 『고문진보古文眞寶』, 『통감절요通鑑節要』 등과 자전류字典類, 『사례편람四禮便覽』, 『가례家禮』와 같은 생활의례서, 『구운몽』, 『삼국지』, 『서유기』, 『심청전』 등과 같은 민간 소설이 한양과 전주全州, 태인泰仁 등 기호지방을 중심으로 대량 간행되었다. 방각본은 이익 추구가 목적이기 때문에 사가본 목판과 형태는 비슷하나 정교함이나 크기 등에서 차이를 보인다. 현재 그 실물이 남은 것이 거의 없다. 한국국학진흥원에는 비록 시기는 20세기 초의 방각본 목판이지만 서울의 박문서관에서 간행한 목판이 700여 장 가깝게 남아 있어 방각본 연구의 좋은 자료로 활용될 것으로 보인다.

임진왜란과 병자호란은 조선의 경제에 심각한 타격을 주었다. 이는 출판문화에도 직접적인 영향을 미쳐 많은 경비가 필요한 목판인쇄보다는 비교적 목재의 소비도 적고 경비와 시간도 절약되는 목활자의 사용이 두드러지게 나타나기도 하였다.

> 활자를 주조하여 서적을 간행하는 것은 우리나라에서 창시한 것이지 중국에 있었던 것은 아니다. 임진왜란 뒤에 각자刻字할 판을 구하기 어려워서 활자를 많이 사용하였으나 교정이 잘 되지 않아 틀리기 쉬웠으니 한스럽다. 조종조祖宗朝 때에는 모든 서책에 잘못된 것이 있으면 감인관監印官을 곤장으로 때렸으므로 잘못된 글자가 아주 없어졌다고 들었다. 또 중국에서는 책판을 배나무, 대추나무 등의 잡목으로 하였는데, 우리나라에서는 오직 가래나무梓木만

사용하였던 까닭에 판자板子 구하기가 매우 어려워서 책을 간행하여 넓게 배포하지 못하였으니 이것은 우리나라의 졸렬한 처사였다.(지봉유설芝峯類說)

전쟁 중에 산림이 황폐화되었고, 전쟁 이후의 복구사업으로 목재로 사용할 나무가 점점 줄어들면서 결국 조선은 나무 부족 국가가 되고 말았다. 이에 목재의 소비가 많은 목판인쇄보다는 목활자로 책의 출간을 권고하는 내용이었으나, 기호지방을 중심으로 목활자본의 간행이 성행하였고, 영남지방에서는 오히려 목판인쇄로 간행된 출판물이 더 늘어나고 있었다.

20세기 초에는 한국에 도입된 석인본石印本을 이용한 서적의 간행도 증가하였다. 이의 영향으로 영남지방에서도 목활자나 석인본의 간행이 상대적으로 증가하기는 했지만 20세기 중반까지 여전히 목판 인쇄술이 서적 간행의 많은 부분을 차지하고 있었다. 영남지방에서 간행된 목판본 서적의 대다수를 차지하는 것은 문집文集이었는데, 문집은 선현·선학의 학문적 업적을 담은 책이며, 책을 찍어 낸 목판을 영원히 간직해야 한다는 관념이 타 지역에 비해 강했던 때문으로 보인다. 즉, 활자본은 책을 인출하고 난 후 판을 해체하지만 목판은 책을 인출한 뒤에도 보관만 잘하면 몇 백 년 뒤에도 얼마든지 다시 간행할 수 있다는 장점을 가지고 있기 때문이다. 때문에 선현·선학의 학문을 영원히 전수한다는 의미로 막대한 경비와 상관없이 목판으로 문집을 간행하는 일이 성행하였다.

목판과 나무

목판은 어떤 나무로 만들었을까?

목판을 만드는 나무는 활엽수hard tree가 주로 사용되었다. 활엽수는 침엽수 soft tree에 비하여 나무의 재질이 단단하여 글을 새기고, 먹물을 발라 책을 인출하는데 마모도가 침엽수에 비하여 훨씬 적기 때문이다.

조선시대에 어느 정도의 책판이 제작되었는지는 정확히 알 수 없으나, 약 1백만 장 이상의 책판이 제작되었을 것으로 추정하고 있다. 이 책판을 만든 활엽수는 어떤 종류가 사용되었으며, 어느 정도의 양이 필요했을까? 조선의 숲에는 책판을 만드는 활엽수가 풍부했을까?

지금 주변의 산에는 소나무를 비롯한 침엽수들이 주로 보이고, 드문드문 활엽수들이 자리 잡고 있는 것을 볼 수 있는데, 사실 고려시대만 하더라도 한반도의 산림에는 참나무와 느티나무를 중심으로 한 활엽수가 나무의 주종을 이루고 있었다. 팔만대장경이라는 엄청난 목재의 소비가 필요한 역사를 무사히 마칠 수 있었던 것도 활엽수가 많았던 고려의 숲 생태가 큰 몫을 했을 것이다. 김동진의 연구에 의하면 소나무는 수도였던 개경을 중심으로 한 대도시 부근에는 울창했었지만, 조선의 건국 이후 정책적으로 소나무의 식재를 장려하면서 점차 소나무가 늘어나 보통의 거주지 주변의 산에도 소나무가 주종을 이루게 되었다고 한다.

조선은 국초부터 수목樹木에 대한 관리를 매우 엄격히 한 국가였지만, 16세기 말과 17세기 초에 왜란과 호란이라는 큰 전쟁을 겪으면서 점차 수목의 관리에 문제가 생기기 시작하였다. 전쟁 기간 동안 숲이 불타고, 전쟁 이후의 재건 과정에서도 엄청난 목재가 필요하였다. 또 17세기는 전 세계적으로 기온이 1~2도 정도 하락하는 이른바 소빙기小氷期에 접어들어 나무를 연료로 하는 온돌의 사용이 한반도의 북부에서 남부지방까지 확대되어 화목火木의 사용이 증가하였고, 기온의 하강으로 평지에서의 식량 생산만으로는 부족하여 경작지가 해발 약 500m 정도의 산허리까지 확대되어 숲의 면적이 더욱 줄어들었다. 조선 후기에 인구가 증가하면서 주택 건축을 위한 목재의 수요도 늘어났고 숲의 나무는 점차 사라져, 결국 19세기경에는 궁궐을 수리하기 위한 나무조차 부족할 정도였다. 대원군이 경복궁을 중수하면서 사대부가의 선산 나무까지 베어 사용했다는 것도 사실은 조선 산야에 나무가 부족했기 때문이다. 조선은 17세기 이후 점차 나무 부족 국가가 되었으며, 20세기 이후 일제강점기의 무차별적인 벌목을 거치면서 해방 이후 한국의 산은 거의 민둥산이 되고 말았다.

목판을 만드는데 얼마나 많은 나무가 필요할까?

그런데, 조선이 나무 부족 국가로 접어들기 시작하는 17세기 이후, 엄청난 양의 목재가 필요한 목판인쇄는 본격적으로 늘어나기 시작하여 19세기~20세기 초에는 전체 책판의 약 2/3 정도가 판각될 정도로 목판 제작이 기하급수적으로 늘어난 것을 볼 수가 있는데, 과연 이 나무들은 어떻게 충당했을까?

우선 목판의 제작에 주로 활엽수가 사용된다고 하였지만, 모든 활엽수가 목판 제작에 사용할 수 있는 것은 아니다. 2008년에 나무학자 박상진 교수가 한국국학진흥원에 소장된 목판 중 1,719장에서 시료를 채취하여 수종을 분석한 결과 모두 10종의 나무가 사용된 것이 확인되었다.

[표 4] 한국국학진흥원 소장 목판의 수종 분석표

수 종	비 율	특 징
고로쇠 나무	633장(36.8%)	· 단풍나무의 일종. 단풍나무 중 비교적 크게 자라는 종류.
박달나무	364장(21.2%)	· 나무가 단단하여 공임이 더 들어가지만 수차례 인출해도 잘 망가지지 않는 장점을 지님.
거제수나무	338장(19.7%)	· 주로 산간지방에서 제작된 목판에 사용.
감나무	142장(8.3%)	· 단단하고 고른 재질 소유.
산벚나무	114장(6.6%)	· 질이 좋은 심재부분이 많고 조직이 치밀, 세포가 고르게 분포.
서어나무	46장(2.7%)	· 판자로 켜기에 부적합, 건조가 어려우며 잘 썩는다. 재료 확보가 어려울 경우 대용목으로 사용되었을 가능성.
오리나무	41장(2.4%)	· 가볍고 연하며 좋은 재질을 지니고 있음. 주변에 흔히 자라고 있어 재료 확보가 쉬운 장점.
돌배나무	36장(2.1%)	· 나무속이 곱고 치밀, 글자를 새기는 목판 재료로는 고급에 속함.
피나무	4장(0.2%)	· 나무가 연하여 글씨를 새기기는 쉽지만 잘 망가지는 단점.
은행나무	1장(0.1%)	· 단단하지도 무르지도 않는 재질, 적당한 강도, 목판새김에 결점이 거의 없는 나무. 물량 확보의 어려움.

팔만대장경의 제작에는 위 10종과 겹치지 않는 층층나무, 후박나무, 사시나무 등이 사용되었는데, 대부분의 목판은 이런 종류의 나무로 제작되었을 것으로 보인다.(박상진, 나무에 새겨진 팔만대장경의 비밀)

그렇다면 목판을 만들기 위해서는 나무가 어느 정도 필요한 것일까?

박상진 교수는 팔만대장경을 만드는데 필요한 원목의 숫자를 추정하여 정리한 적이 있는데, 이를 보면 다음과 같다.

[표 5] 통나무 굵기 별 채취 가능한 경판의 수

구분	지름(cm)						
	40	50	60	70	80	90	100
채취 가능 판수	2	6	8	14	24	28	38
필요 통나무 개수	27,086	9,029	6,772	3,869	3,600	2,257	1,426

지름 50~60cm의 나무를 평균으로 잡아 개략적인 숫자를 추정하면서 대개 나무 1그루에서 약 1.5개의 통나무 토막이 생산될 수 있으므로 대체로 팔만대장경의 제작에는 약 1만~1만 5천 그루의 원목을 벌채했을 것이라 하였다. 이는 마구리를 제외하고 경판만을 대상으로 한 숫자이다.(박상진)

이를 기준으로 한다면 〈유교책판〉 64,226장의 제작에는 지름 50cm의 나무를 기준으로 약 1만 그루 정도가 필요했을 것으로 추정할 수 있다. 과연 1만 그루의 나무로 6만여 장의 〈유교책판〉을 제작할 수 있었을까?

이 분야는 필자가 나무에 대한 것을 잘 알지 못하기 때문에 현재 목판을 직접 판각하고 있는 각자장들의 경험을 빌어 정리해 본 적이 있다.

목판을 만들기 위해서는 가장 먼저 필요한 나무를 벌목하고, 이를 판자로 재단하여 소금물에 삶고, 건조를 하는데, 이 과정에서 나무의 손실이 많이 발생한다. 우선 나무를 벌목한 후 나무의 뿌리를 위로 두고 약 1년 정도 제 자리에 놓아두는데, 이는 나무의 진을 빼서 결을 부드럽게 하고, 운반 과정에

옹이 제거 후 상감 기법으로 수리한 목판

서 무게를 줄이기 위한 방법이다.

그런데 벌목한 통나무도 생육 활동을 계속 한다고 한다. 산벚나무는 벌목 이후 6개월 정도까지, 은행나무는 3년이 지난 뒤에도 통나무에서 새 순이 돋아나는데, 새 순이 돋아나면 필연적으로 〈옹이〉가 생기고, 옹이가 생긴

옹이의 상감

나무는 판재로 사용하기 어렵게 된다. 각수들은 옹이가 10mm 미만이면 옹이를 파내고 상감象嵌을 하여 사용할 수 있다고도 하지만, 현재 오래된 책판을 보면 옹이의 크기에 상관없이 반드시 균열, 함몰, 탈락과 같은 문제가 생긴 것을 볼 수 있다. 글자가 없는 곳에서 생기는 균열이나 함몰, 탈락 등은 당시에는 큰 문제가 없었다고도 할 수 있으나, 결국은 옹이에서 시작된 균열이 시간이 지나면서 판면 전체를 사용 불능으로 만들기도 한다. 통나무를 재단할 때 겉으로는 멀쩡해 보이는 나무도 재단하려고 보면 전부 썩어 있거나 텅 비어 사용할 수 없는 경우가 흔하게 나타난다고 한다. 이어 재단이 끝난 판자는 가장 필수적인 과정의 하나로 소금물에 삶는 과정을 거쳐 바람이 잘 통하는 곳에서 2년 정도 잘 말리는데, 이 과정에서도 자칫 잘못하면 판자가 휘어지거나 갈라지고, 충해蟲害를 입어 판재로 사용할 수 없게 된다.

서유구徐有榘(1764~1845)는 『임원경제지林園經濟志』에서 '목판의 너비廣는 1척을 넘기지 않고, 길이長는 7~8치를 넘기지 않는다' 하였다. 너비廣는 목판의 가로를, 길이長는 목판의 세로를 말한다. 이 크기는 지금의 서지학 용어로 광곽匡郭의 크기를 말하는 것으로, 가로 1자, 즉 33cm 정도, 세로 22~25cm 정

옹이로 훼손된 책판

도로 보통의 목판 광곽 크기와 거의 같다. 서유구는 목판의 두께에 대해서는 언급하지 않았는데 서유구가 생존한 18세기 중엽에서 19세기 중엽에 제작된 목판의 두께는 거의 대부분 2cm 미만으로 제작되었다. 이 정도 크기의 목판을 제작하기 위해서는 목재 건조 과정에서 생기는 수축, 대패질로 제거되는 부분, 좌우의 여백, 마구리 장착 등을 고려할 때 보통은 가로 70~80cm, 세로 30~40cm, 두께 4~5cm 정도로 재단을 해야 목판 판각에 필요한 판재를 얻을 수 있다고 한다.

나무를 벌목한 이후 손실분, 재단 과정에서의 손실 등을 감안하면 사실상 목판을 만들기 위한 나무의 수량은 앞의 통계에 비해 훨씬 늘어날 가능성이 있다고 보이지만, 정확한 수치를 찾아내는 것은 능력 밖의 일이라 언급할 수가 없을 뿐이다.

목판은 어떻게 만들까?

21세기의 한국에는 목판을 만들 수 있는 각자장이 몇 명이나 될까? 아마 제대로 만들 수 있는 각자장은 다섯 손가락으로 꼽을 정도가 아닐까 한다. 목판의 수요가 없어 목판만을 만들어서는 경제적으로 지탱할 수가 없으며, 경제적인 보상이 없이 고된 작업을 견뎌낼 수도 없으니 목판 판각을 전문으로 하는 각수들이 점차 주변에서 사라지는 이유이다.

여기서는 목판을 만드는 기본적인 방법에 대해 간단하게 알아보고자 한다. 사실 만드는 과정은 각자장에 따라 약간씩 의견을 달리하는 경우도 있고, 자신의 경험으로 제작을 하는 등 계량화가 이루어지지 않은 점도 매우 아쉬운 점이다. 예를 들면 팽판烹板을 할 때 소금물의 농도에 대해서도 눈대중으로 소금을 투입하거나, 바닷물보다는 좀 싱겁다는 정도로 언급할 뿐이다.

목판을 만드는 과정을 간략히 살펴보면 아래와 같다.

1	2
3	4
5	6

1. 원목
2. 원목 소금물 침수
3. 원목 소금물 침수 후 자연건조, 숙성
4. 원목 제재
5. 판목 삶기
6. 판목 자연 건조

7	8
9	10
11	12

7. 판목 재단
8. 판목 마름질
9. 판목 마구리 작업1
10. 판목 마구리 작업2
11. 판하본 붙이기
12. 기름 먹이기

13. 초벌 새기기(칼 넣기)
14. 초벌 새기기(바닥 처리)
15. 초벌 인출
16. 수정 새기기(교정)
17. 재벌 인출

① 벌목한 나무를 통나무로 재단하여 뿌리를 위로 하여 1년 정도 말린다.
② 소금물에 담가서 나무의 진을 제거한다.
③ 바람이 잘 통하는 그늘에서 말린 후 판재로 재단한다.
④ 판재로 재단한 나무를 소금물에 넣어 24~48시간 정도 삶는다. 이를 팽판烹板이라 한다.
⑤ 팽판한 판재를 그늘 진 곳에서 1~2년 정도 잘 말린다. 이때 나무가 뒤틀어지는 것을 방지하기 위하여 위에 무거운 것을 올려 둔다.
⑥ 목판의 형태로 재단하고 대패질로 판면을 고르게 한다.
⑦ 판재의 양쪽에 마구리를 장착한다.
⑧ 판하본板下本을 뒤집어서 붙인다.
⑨ 판하본에 식물성 기름을 바르고, 조각칼로 판하본의 글씨를 그대로 판각한다.
⑩ 판각이 완성되면 1장을 인출하여 잘못된 부분이 있는지를 찾아 교정한다.
⑪ 교정이 완성되면 판면에 먹을 바르고, 종이를 덮어 인체로 문질러 인출한다.

위의 과정에서 가장 중요한 과정은 ④팽판이라 할 수 있다. 팽판을 하더라도 소금물이 판재의 내부까지 침투하지는 못하지만 이 과정을 통해서 나무속의 남은 진이 다 빠지고, 혹 판재 속에 살아 있을지도 모르는 해충이나, 해충의 알을 뜨거운 열로 죽이는 과정이다. 또한 이 과정을 거쳐야 나무의 결이 삭아 각자刻字할 때 조각칼의 움직임이 수월해지며, 완성된 후 판재가 뒤틀리는 것을 방지하는 역할을 한다. 팽판할 때 물과 소금의 비중에 대해서는 『시강원책역소일기侍講院冊役所日記』에서 '가마솥 하나에 판재 열 장을 넣고 팽판하는데, 땔나무 20단과 소금 한 말이 들어간다'고 하였다.(『시강원책역소일기』 경진 8월 15日)

때로는 팽판의 과정을 생략하거나 줄여서 문집 간행의 시간을 단축하기도 하는데, 당장 책을 인출하는데는 큰 문제가 없으나 책을 만들고 난 이후 목판을 보관하는 과정에서 목판의 균열, 뒤틀림, 충해 등으로 목판이 쉽게 훼손되는 일이 생기기도 한다.

이 과정을 모두 거치면 대개 1장의 목판이 나오기 까지 3~4년 정도의 시간이 필요하지만, 종종 목상木商들에게 미리 준비한 판재를 구입하거나, 나중의 수요를 대비해 미리 판재를 마련한 문중에게 빌리기도 하였다. 지방 관아나 감영에서는 판재 혹은 판재가격을 백성들에게 징납徵納하여 원성을 사기도 하였다.

목판 1장 만드는데 어느 정도의 돈이 필요할까?

목판을 만드는 경비는 상상 이상의 많은 돈이 필요하다. 2017년에 한국국학진흥원에서 삼국유사를 목판으로 복원할 때 판재의 가격과 앞뒤 1장을 새기는 비용 등을 합하여 대략 400만 원 정도 지불했으나, 사실 당시 작업에 참여한 각자장들은 비용이 너무 적다고 불만을 토로하기도 했다. 물론 조선시대의 인건비와 지금의 인건비, 물가 등은 동일하게 비교할 수는 없으나, 목판의 제작에 엄청난 비용이 들어가는 것만은 사실이다.

1885년에 대계大溪 이주정李周禎의 『대계집大溪集』을 간행할 때의 기록인 『대계집간역시일기大溪集刊役時日記』에는 후손들이 문집 간행을 위해 간역을 담당한 도각수都刻手 전기원田基元과 맺은 계약이 기록되어 있다. 이 계약은 판재와 판각을 모두 각수들이 부담하는 조건의 계약으로, 다음과 같다.

- 책판 1장 : 1전錢
- 운판運板, 팽판烹板 : 1닢葉
- 책판 마름질 : 1전
- 마구리 : 1전
- 공가工價 : 2냥 3전
- 식대食代 : 1냥 1전
- 책판 교정 : 1전 5닢
- 합계 : 2냥 8전

    그런데 이 작업은 1884년 1월에 계약을 맺었으나 작업 진행 중, 큰 흉년이 들어 1장의 판각 비용이 8냥 5전까지 상승하는 등 모든 비용이 폭등하여 작업의 진행이 매우 더디게 진행되었다. 목판의 판각과 경제적인 여건이 밀접한 관련이 있음을 보여주는 사례이다.

    이외에도 『백불암집百弗庵集』 간행 기록인 경주최씨 칠계공파 소장의 『사문문집간역기사師門文集刊役記事』(1815년), 『퇴계집』의 보간補刊작업을 할 당시의 기록인 『선생문집개간일기先生文集改刊日記』(1818년), 채제공의 『번암집樊巖集』을 간역할 때의 기록인 『간소일기刊所日記』(1824년), 이주정의 『대계집』을 간행한 기록인 『대계집간역시일기』(1884년) 등과 허전許傳의 『성재집性齋集』 간행 기록인 『간소유용도전刊所流用都錄』(1891년), 노상직盧相稷의 『소눌집笑訥集』 간행기록인 『간소일록刊所日錄』(1933년), 이익李瀷의 『성호집星湖集』 간행 기록인 『성호선생문집간행제문안星湖先生文集刊行諸文案』, 『모현록慕賢錄』 등 약간의 기록물들을 통해 목판 간행의 과정, 소요비용 등을 대강 짐작할 수가 있다.

    『백불암집』 간행 당시 목판 1장의 판각에 1냥 8전이 들었다. 19세기 초 경상북도 지방의 쌀 1섬의 가격이 1냥 5전이라는 연구가 있는데, 이 연구에 대입해 보면 『백불암집』 1장 판각에 거의 쌀 1섬 가격이 필요한 것을 알 수 있다. 다만 비슷한 시기의 『대계집』 간행 비용이 1장에 2냥 8전이었다가 8

냥 5전까지 상승한 것은 19세기 후반의 경제적 혼란 – 흉년의 쌀값 폭등-에 따른 물가상승의 결과로 볼 수 있다. 손계영 교수는 비슷한 시기 경상도 함안에서 군수 오횡묵吳宖默이 『여재촬요輿載撮要』를 간행할 때 판각 비용과 기타 비용을 합쳐 83장에 284냥이 들었다고 하였다.

판각 이외에도 수많은 용처가 있어서 총 250장의 『백불암집』 간행에 든 비용이 당시의 쌀값을 기준으로 현재의 금액으로 환산하면 약 2억 원 정도가 들었을 것으로 추정된다. 후손이 비용의 대부분을 감당하는 경우도 있지만, 1917년에 『성호선생문집』(퇴로본退老本)을 간행할 때는 41개 문중과 70여 명의 개인이 참여하여 2,300원圓 정도의 경비를 충당하였고, 1922년 사포본莎浦本을 간행할 때는 25개 문중과 개인 24명이 참가하여 약 3천 원에 달하는 판각 경비를 부담하였다.

목판의 보존과 훼손

　2004년부터 시작된 전국 목판 조사를 하면서 가장 마음 상했던 것 중의 하나가 전국 어디에서도 처음 만들 당시의 온전한 형태를 가진 목판을 거의 찾아볼 수 없었다는 것이다. 휘어지고 갈라지고, 벌레가 침투하여 판면에 구멍이 숭숭 뚫린 것은 늘 볼 수 있는 훼손이며, 마른 부패를 일으키는 곰팡이의 침투로 가루가 되어 버린 목판들은 참혹할 정도였다. 보존은 해야겠는데 적합한 장판 시설을 찾을 수 없어 창고 속에, 안방에, 아파트 베란다에 거의 방치 수준으로 놓인 목판, 먼지가 쌓이고 오물로 오염되어 글씨를 판독할 수도 없는 목판 등등 이루 말할 수 없이 처참한 모습의 목판들을 전국에서 목격할 수 있었다. 이런 목판을 볼 때마다 조사가 10년만 더 빨리 시작되었으면 하는 아쉬움을 지울 수가 없었다.
　세계기록유산으로 등재된 〈유교책판〉은 그나마 훼손의 위험에서 어느 정도는 벗어났다고 할 수 있지만, 아직 대다수의 목판들은 훼손의 위험에서 벗어나지 못하고 있다. 다행인 것은 세계기록유산 등재의 긍정적인 효과의 하나로 생각되는데, 처음 조사 때에 비하여 목판에 대한 관심이 상당히 높아졌고, 가치를 깨달아 보존에 눈을 돌리는 문중, 지자체 등이 많아졌다는 것이다.

여기서는 그동안 조사 과정에서 살펴 본 목판의 훼손 모습을 일부라도 소개하여, 목판 보존에 대한 관심을 조금이라도 높이기 위해 사진과 함께 약간의 설명을 첨부하여 소개한다.

충해蟲害

목판을 훼손하는 요인은 여러 가지가 있지만, 조사의 과정에서 가장 많이 눈에 보이는 훼손은 충해이다. 예전에는 목판을 보존한 장판각이 개방된 형태여서 원천적으로 해충의 침해를 막지 못한 것이 이유라고 한다면, 최근에는 충해를 방지하는 비싼 약재의 살포를 해야 한다는 것을 전혀 모르거나, 알아도 경제적인 문제로 포기하는 경우가 많아 지금도 충해의 피해에서 벗어나지 못하고 있다.

탈출공

천공충(명나방)　　　　　　　　천공충 껍질

나나니벌　　　　　　　　　　　나나니벌 서식

　해충들이 목판에 알을 낳고, 목판의 내부에서 부화한 후 나무의 주성분인 셀룰로오스, 헤미셀룰로오스 등을 영양분으로 섭취하며 자라고, 성충이 되어 목판을 벗어날 때 목판에 구멍이 생겨 목판의 손상으로 이어진다. 이때 생긴 구멍을 탈출공脫出孔이라 한다.

　해충의 종류는 매우 다양하지만 이를 모두 천공충穿孔蟲(boring insects)이라 부른다. 사진에 보이는 명螟나방류 Pyralidae는 대표적인 천공충의 하나로, 현장에 목판조사를 하는 도중 가장 많이 만나는 해충이다. 해충들은 목판의 내부에서만 활동을 하여

유충이 뱉어낸 나무가루

충해

육안으로는 해충의 서식을 알 수 없지만, 유충이 먹이를 먹으면서 남긴 고운 백색가루를 잘 살피면 해충의 침투를 알아차릴 수 있다. 성충은 5~7월 경 목판의 표면에 직경 약 2mm 내외의 원형 구멍을 만들어 탈출하면서 목판의 판면을 못 쓰게 만든다. 해충을 방제하기 위해서는 책판의 내부까지 침투할 정도의 강한 약제가 필요하지만 사실상 일반인들은 이러한 약제의 살포가 불가능하며, 대개는 눈에 보이는 벌레를 쫓기 위해 살충제 정도를 살포하는 정도에 그치고 있다.

해충의 침입으로 훼손된 목판의 여러 가지 모습을 살펴보면 사진과 같다. 사진의 1~3은 목판 속에서 유충들이 먹이를 찾아 돌아다닌 흔적들이며, 나머지 사진은 유충이 성충이 되어 탈출한 탈출공脫出孔과 충해로 훼손된 목판들이다.

충해의 또 다른 요인으로는 인출할 때 목판에 바른 먹墨이 해충의 침투를 막아주는 효과가 있다는 잘못된 믿음이 충해를 방치하는 결과가 되기도 하는데, 실제 목판을 조사해 보면 먹과는 상관없이 충해가 발생하고 있다. 인출 이후 세척하지 않은 목판에는 당연히 판면에 먹이 발라진 상태이지만, 판면의 곳곳에는 애벌레의 탈출공이 먹이 묻지 않은 하얀색으로 남아 있는 것을 볼 수 있는데, 이는 인출이 끝난 뒤 먹이 발라진 상태에서 해충이 침투했음을 말해 준다. 먹을 바른 목판에 해충이 침투하는 것은 먹을 제조할 당시 첨가물로 넣은 아교阿膠 등이 해충의 좋은 먹이가 되기 때문이다. 서유구徐有榘가 쓴 『임원경제지林園經濟志』에서 "판자를 만들고 난 뒤에 소금물에 삶고 그늘 진 곳에서 말린다" 하였고, 이어 "매번 인출이 끝난 뒤에 판면을 소금물로 잘 씻어 건조시키고 나무상자木櫃에 넣어 높은 곳에 두면 오래 보존할 수 있다"고 하여, 인출 이후 먹을 제거하는 것이 필수적이라는 것을 보여주고 있다.

해충의 침투는 처음에는 눈에 잘 보이지 않지만 어느 순간 목판의 내부가 전부 해충이 먹이가 되어버려 위에서 누르면 목판이 전부 내려 앉아 버린다.

한번 해충이 침입하면 80~90% 이상 목판으로서의 기능을 완전히 상실해 버리기 때문에 목판 소유자들은 늘 관심을 가지고 해충의 침입을 살펴 미리 방지할 필요가 있다.

균열 龜裂

충해와 함께 가장 흔하게 나타나는 목판의 변형은 균열이다. 균열이 발생하는 이유는 여러 가지가 있겠지만 가장 많은 요인은 마구리를 판면에 고정하기 위해 박은 못釘과 나무의 옹이이다.

목판의 판면과 마구리를 고정하기 위해서는 주로 마구리에 못을 박아 고정하는데, 고정에 사용하는 못은 크게 나무못木釘과 쇠못鐵釘 등이 사용된다. 나무못은 판면과 같은 종류의 나무나 대나무를 다듬어 만들고, 마구리 1개에 1~2개를 완전히 관통시키지 않고 박아 마구리를 고정시킨다. 마구리 1개에 1개의 못을 박을 때는 왼쪽 마구리 아래(또는 위)에 1개, 오른쪽 마구리 뒷면의 위(또는 아래)에 1개를 박는다. 2개를 박을 때는 마구리의 상하에 하나씩 나무못을 박는데, 이때도 나무못을 관통시키지 않고 박는 것이 효과적이다. 못을 박을 때 나무못의 몸통에는 아교 등을 발라 마구리 내부에서 고정시키기도 한다.

주로 20세기 이후 제작되거나 마구리를 수리한 목판에서는 당시 왜못이라 부르던 쇠못을 많이 사용하였는데, 일반적으로 쇠못은 공기와 접촉하면, 산화가 시작되고 녹과 열이 발생하면서

마구리에 나무못 박은 목판

못에 의한 균열

삼각형, 원형 홈이 있는 목판

쐐기 박은 목판

필연적으로 못의 부피가 증가하고, 증가하는 압력에 의해 목판의 균열로 진행된다. 정확한 통계는 아니지만, 목판 균열의 90% 이상이 쇠못에 의한 균열이라 봐도 크게 틀리지 않을 정도이다. 균열은 못을 박은 곳에서 시작하여 결국에는 판면 전체를 가로질러 균열이 진행되기도 한다.

목판 소유자들은 이미 시작된 균열을 방지하기 위해 균열이 진행되는 방향의 끝에 홈을 파서 균열이 멈추도록 하였으나, 아마 어느 정도의 시간만 벌어 주었을 뿐 균열의 진행 자체를 완전히 막아내지는 못했던 것 같다. 목판의 균열로 판면이 양분되는 것을 막기 위해 쐐기를 박아 목판이 벌어지는 것을 방지하기도 하였으나 역시 근본적인 방지가 아닌 임시방편이었던 것으로 보인다.

나무의 옹이로 발생하는 균열도 제법 많이 나타나는 편이다. 본래 옹이가 있는 나무는 목판에 사용하지 않는 것이 좋으나, 판재가 부족하거나 작은 옹이 등은 그대로 사용하면서 최대한 글자가 없는 부분에 옹이가 위치하도록 조절하는데 목판을 처음 만들었을 때는 아무 이상이 없지만 시간이 지나면서 목판이 건조되고 옹이 주변의 조직이 약해져서 결국 목재가 뒤틀리거나 갈라지게 되고, 심할 경우 옹이 자체가 빠져버려 목판에 큰 구멍이 생기기도 한다. 옹이의 크기가 작을 때는 옹이를 제거하고 그 부분에 상감을 하여 사용하기도 하지만, 상감할 때 사용한 접착제가 시간이 지나면서 접착력이 약해져 결국 옹이의 탈락으로 이어지게 된다. 목판은 전부 가로로 균열되지만, 옹이는 건조되면서 원형 또는 방사형으로 균열되어 세로로, 대각선으로 균열이 진행되면서 판면의 글자가 탈락되거나 훼손되는 일이 자주 발견된다.

뒤틀림

목판이 뒤틀리는 것은 적절한 습도의 유지와 통풍이 원활하지 못하여 생기는데, 특히 목판의 함수률이 안정화되기 전인 제작 초기에 자주 발생하는 현상의 하나이다.

외부와 노출된 재래식 장판각에서는 먼지와 습기의 침투

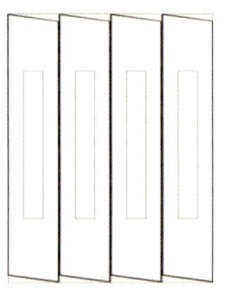

마구리 빗금 제작

를 방지할 방법이 처음부터 없지만, 특히 통풍이 원활하지 못하면 먼지가 습기의 증발을 막아서 목판에 뒤틀림 현상이 생겨 치명상을 입힐 가능성이 있다. 이런 이유로 목판을 처음 만들 때 뒤틀림을 막기 위한 몇 가지 장치를 하고 있으나 근본적인 해결책은 아닌 것으로 보인다.

우선 목판을 처음 만들 때 통풍을 원활히 할 수 있도록 마구리의 상하단면을 수평이 아닌 빗금으로 깎아서 통풍의 공간을 만들었다. 간혹 마구리를 복원할 때 마구리의 재단이 잘못된 것으로 생각하여 일직선으로 제작하여 복원

뒤틀림

베트남 영엄사 목판

하기도 하는데, 마구리가 가지런하여 보기에는 깔끔하지만 전면에서 부는 통풍구를 막아버린 결과가 되어 버린다. 마구리가 없는 베트남 목판에서도 같은 원리로 판면의 상하면에 볼록한 돌출부를 두어 통풍이 원활하도록 만들어 일정한 공간을 확보해 주고 있다. 또한 목판의 상하면에 약 2mm 정도의 홈을 파고 대나무를 끼워 넣어 대나무가 판면의 뒤틀림을 방지하는 장치를 만들기도 하는 등 뒤틀림을 방지하기 위한 장치는 목판을 보존하는 나라의 공통적인 방법이었던 것 같다.

곰팡이

목판의 판면에 손상을 주는 미생물로 대표적인 것은 곰팡이라 할 수 있다. 목판과 같은 목재 제품에 피해를 주는 곰팡이는 마른 부패를 일으키는 갈색부후균褐色腐朽菌(Serpula lacrymans) 종류가 가장 흔한데, 이 곰팡이는 침엽수보다는 활엽수에 더 잘 침투하는 곰팡이들이다. 활엽수로 제작하고, 고온다습한 여름 기후가 3~4개월 지속되는 한국의 날씨는 곰팡이가 목판에 서식할 수 있는 매우 적합한 조건을 가지고 있다. 특히 한국의 전통적인 장판각이

곰팡이 훼손

외부의 습기를 전혀 차단하지 못하는 개방된 형식이라는 점에서 곰팡이의 침투를 근본적으로 피할 수는 없겠지만, 습기찬 여름이 지난 후 목판을 서늘하고 건조한 바람이 부는 가을에 그늘지고 통풍이 잘 되는 곳에서 목판을 말린 후 다시 장판한다면 최소한으로 곰팡이를 방지할 수는 있을 것이다. 혹 온도가 적절하더라도 수분이 부족하면 미생물은 책판에 서식할 수가 없는데, 항온항습 시설을 갖춘 장판각에서도 습도의 제어에 실패하면 언제든지 곰팡이가 서식할 수 있다.

습해 濕害

목판을 조사하는 과정에서 전통적인 형식의 장판각은 물론 근대식 설비를 갖추었다는 전시실에서도 의외로 습해를 입은 목판을 발견하는 일이 흔하게 있었다. 전통적인 장판각은 외부의 습기 침투와 함께 지붕에서 물이 새서 목판에 떨어져도 여간해서 문을 열지 않는 특성상 목판이 습해를 입어도 오랜 시간이 지나서야 발견할 때가 많기 때문이다. 또 개인이나 문중에서 운영하는 전시관 등은 설비를 갖춘 전시관에 보존 중이라는 심리적 안정감 때문인지 오히려 습해를 입은 목판이 자주 발견되는 곳이다. 특히 이런 전시관들은 지류문화재와 목재문화재, 기타 문화재를 동시에 전시, 보존하는 곳이 일반적인데, 각각의 보존 방법이 다르다는 것을 알지 못한 채 어중간한 온습도를 유지하거나, 그나마도 관리비의 부담으로 관리시설의 전원을 차단해 버리는 경우가 많아 전시관에서 보존중인 목판 중에서 훼손이 심각한 목판들이 더 많이 발견되는 경우가 있다. 전시관들은 문화재 보호의 명분으로 지자체에서 건물은 지어주지만 관리비는 소유자의 몫이기 때문에 관리비의 부담으로 오히려 유물들이 손상을 입는 역설이 너무나 흔하게 보이는 것이 현실이다.

전시실 보존 습해 목판

오물, 오염

목판을 조사할 때 가장 어려운 점의 하나가 목판 판면의 먼지나 흙과 같은 오염을 제거하는 일이다. 보통은 부드러운 솔로 살살 문질러 오염을 제거하는데, 때로는 솔만으로 해결할 수 없는 오염된 목판들도 자주 보인다. 목판은 전쟁이나 화재, 수재 등이 발생해도 쉽게 옮길 수 없는 부피와 무게를 가지고 있다. 조사 과정에서 불에 탄 목판, 판면이 흙으로 덮혀 있는 목판 등은 재난에도 목판을 옮길 수 없었던 당시의 상황을 그대로 보여주고 있다. 소유자들은 한국전쟁 때 목판을 땅에다 묻고 피난을 갔다가 돌아와서 다시 파냈다는 경험담을 종종 들려 주기도 하는데 바로 목판 오염의 한 원인이 아닌가 생각된다.

목판 판면의 오염은 시간이 경과하면서 먼지와 습기 등과 함께 범벅이 되어 판면에 붙어버려 일반적인 방법으로는 제거가 무척 힘들게 된다. 한국국학진흥원 장판각에 소장된 목판들 중에서도 오염을 제거하지 못한 목판들이 종종 눈에 보이는 것도 오염의 제거에 적당한 방법을 찾지 못한 때문으로 여겨진다. 판면의 오염은 시간이 지날수록 제거가 더욱 힘들어지기 때문에, 빠른 시간 내에 오염을 제거해야 목판의 기능을 되찾을 수 있다.

우리 선조들은 목판을 세척할 때 마당에 거적을 깔아 목판을 쌓아놓고 가마니를 위에 덮은 후 물을 뿌리고, 하루나 이틀 정도 지난 뒤 목판을 세척했다는 경험을 말하는데, 이를 이용하면 목판의 오염을 거의 손상 없이 제거할 수 있다. 이 방법을 간단하게 소개하면 우선 볏짚을 물로 우려내어 목판에 뿌리고, 수건 등으로 덮은 후 다시 볏짚 우린 물을 뿌려준다. 하루 이틀 정도 지난 후 다시 두어 차례 볏짚 우린 물을 뿌려준 뒤, 끝을 뾰쪽하게 간 대나무를 이용하여 글자의 획에 따라 부드럽게 판면을 긁어내면 전혀 손상 없이 판면의 오염을 제거할 수 있다. 다만 한 글자 한 글자를 모두 긁어내야 하는 관계로 오랜 시간이 필요하다는 어려움이 있을 뿐이다.

오물 오염

우연의 일치인지는 알 수 없으나 베트남에서도 비슷한 방법을 사용하고 있었다. 베트남 달랏DaLat 시에 있는 베트남 국가기록원 제4분관은 베트남의 세계기록유산 중 하나인 〈응웬왕조 목판〉을 보존, 관리하고 있는 곳이다. 이곳의 목판은 월남전쟁 당시 후에Hue의 왕궁에 보관되어 있었는데, 미군의 폭격을 피하여 땅에 묻어 둔 후 종전 이후에 꺼낸 목판들이다. 이를 우리의 예전 방식과 거의 흡사한 방법으로 오염을 제거하고 있었으나, 목판에 뿌리는 액체에 대해서는 일종의 효소를 사용한다고만 할 뿐 구체적인 효소의 이름은 말할 수 없다고 하였다. 볏짚 우린 물이 누런색을 띄는데 비해 무채색 액체인 것으로 보아 볏짚을 사용하는 방법은 아닌 것으로 여겨진다.

베트남 목판 세척

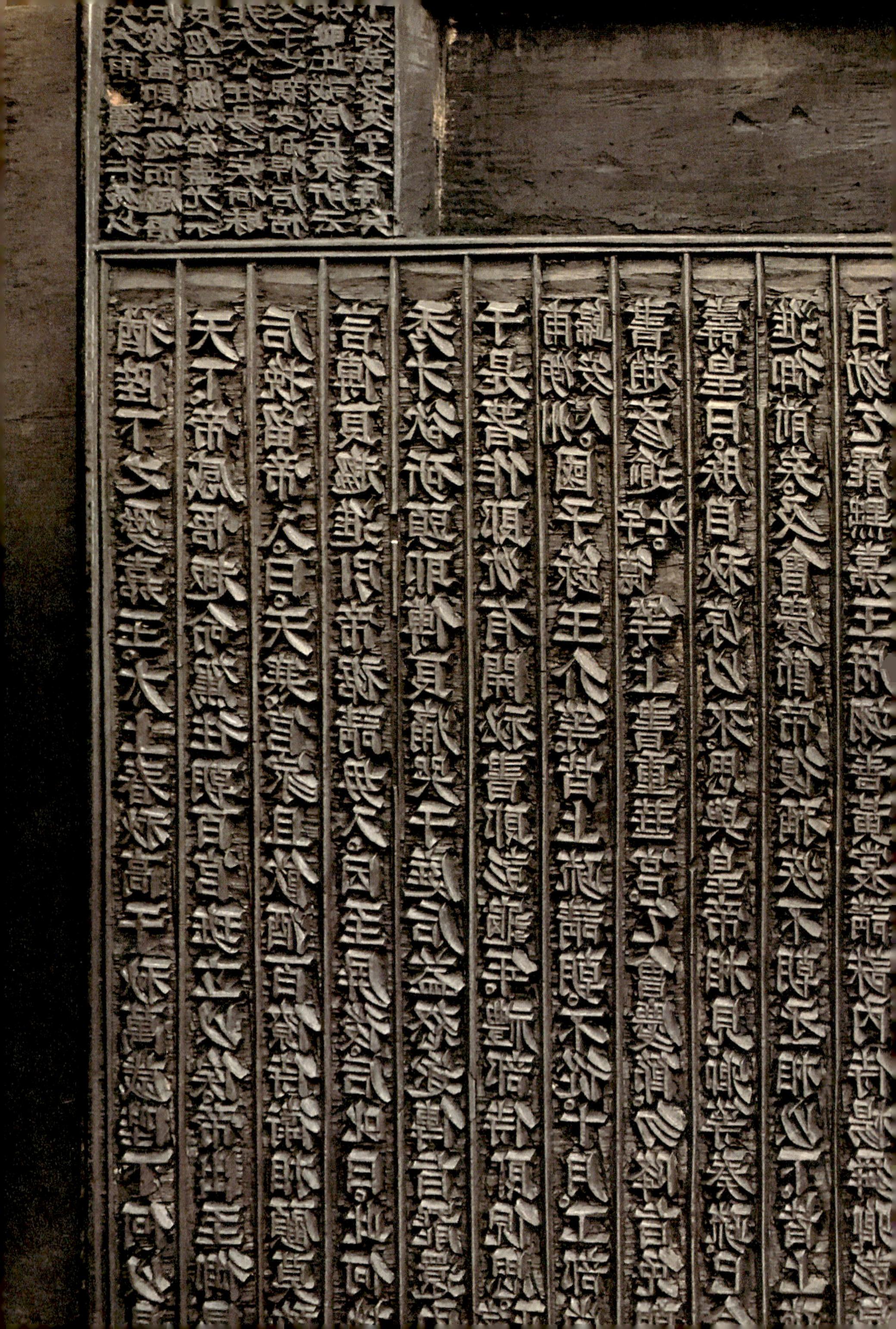

목판 세척 완료

마구리

　마구리는 대개 소나무처럼 주변에서 구하기 쉬운 나무로 만드는데, 기본적으로 목판의 손잡이 역할을 한다. 이외에도 마구리는 보존할 때 판면과 판면이 서로 닿지 않도록 공간을 만들어 판면의 글씨가 상하지 않도록 하며, 세워 놓았을 때 일종의 환기구 역할을 하여 목판과 목판 사이의 환기를 원활히 해주는 역할을 한다. 보통 마구리의 역할을 소홀히 여겨 빠져버려도 크게 개의치 않고 내버려두기도 하는데, 마구리는 목판의 휘어짐을 막는 중요한 역할을 하는 장치이기 때문에 반드시 새로 만들어 장착해 줘야 한다. 또한 마구리에는 목판으로 간행한 책에서 찾을 수 없는 중요한 정보가 기록되어 있기도 하는데, 바로 마구리에 기록된 글씨墨書[묵서]이다. 가장 많은 것은 책의 이름과 권卷次[권차], 면수張次[장차] 등이 먹으로 기록되어 있으며, 때로는 목판을 새긴 각수의 이름이나, 책에서 찾을 수 없는 정보가 기록되기도 한

마구리 탈락

경당속집

징비록 각수
김성진金聲振

물암집 장두粧頭
김성진金聲振

환성당일고

임재집

다. 서애 류성룡선생의 저서『징비록』16권본은 언제 판각되었는지 알 수가 없지만 마구리의 각수 이름을 살피면 어느 정도는 짐작할 수 있다.『징비록』의 권7 (7,8)면의 마구리에는 김성진金聲振이란 각수의 이름이 나오는데, 이 각수는 1775년에 간행된 물암勿巖 김륭金隆의『물암선생문집』을 간행할 때 장두粧頭로 참여한 인물로『징비록』의 판각 시기를 추정할 수 있는 자료가 되기도 한다. 경당 장흥효의『경당속집』은 1818년에 판각되었으나, 권2의 (4,5)면 마구리에 〈辛酉七月日追刊〉이란 기록을 통해 1861년에 추간이 이루어진 것을 알 수 있다. 환성당喚醒堂 박연朴演의『환성당일고』는 문집 내에서 정확한 발간 연도를 확인할 수 없었지만, 권3의 10면 좌측 마구리에 〈庚子四月日始刊六月畢刊印出辛丑四月日〉이란 묵서에 의해 1780년 4월에 판각을 시작하여 6월에 판각을 마치고, 1781년 4월에 책이 출간된 것을 확인할 수 있다. 문집 목판은 초간본이나 중간본이 섞여있는 혼판混板인 경우가 흔히 있는데, 초간본과 중간본을 가려내기가 쉽지 않으나 간혹 마구리에 이를 기록한 것도 있다. 임재臨齋 서찬규徐贊奎의『임재선생문집』은 1910년에 초간본, 1938년에 중간본이 간행되었는데, 비슷한 시기에 만들어져 목판의 형태만으로 초간본과 재간본을 가려내기는 어렵지만 목판의 마구리에 장차를 기록할 때 초간본은 앞에 〈初〉를 따로 묵서로 기록했다. 그런데 이러한 정보가 담긴 마구리의 묵서가 마구리 교체 또는 무관심으로 지워져버려 사라지는 일이 자주 일어난다.

기타

목판의 훼손 요인은 매우 다양하지만 인위적인 훼손도 자주 발생한다. 특히 도난당한 목판의 주인을 감추기 위하여 판심제를 깎아버리기도 하며 도난 이후 장식용으로 만들기 위해 목판을 훼손하기도 한다. 많이 발견되지는

판심제 삭제 목판

장식용 벽걸이 　　　　　　　　장식용 금박

화재로 훼손된 목판

잘못된 보관의 예

1. 컨테이너 보관1
2. 컨테이너 보관2
3. 컨테이너 내부
4. 창고 보관
5. 먼지오염
6. 목판 보관1
7. 목판 보관2
8. 목판 보관3

목판은 화재나 홍수 등 재난이 발생해도 짧은 시간에 옮길 수 있는 무게나 양이 아니기 때문에 목판 전부의 손상 또는 분실로 직결된다. 목판을 보관한 장판각이 전부 불타버리고 단 1장의 목판도 건지지 못하기도 하며, 충청북도 단양향교의 장판고에 가득 찬 목판은 단양시내가 물바다가 된 홍수로 전부 떠내려가 지금은 한 장의 목판도 남은 것이 없었다. 보존이라기보다는 방치에 가까운 보존시설이 목판의 훼손을 촉진하기도 한다. 밀폐된 컨테이너 박스에 넣어 눕혀서 보관하거나, 창고와 마찬가지의 시설에 쌓아놓은 체 보관하는 것은 습기의 피해와 병충해, 뒤틀림 등 훼손을 절대 막을 수 없는 잘못된 보존 방식이다.

목판은 무게가 무겁고 부피가 크며 훼손되기 쉬운 유물이지만 도난도 자주 발생하고 때로는 한국국학진흥원에 기탁된 목판을 비싼 값으로 팔아주겠다며 기탁자들을 회유하는 업자들도 있다. 지금도 인사동에 가면 벽걸이 형태로 가공한 목판이 버젓이 팔리고 있는 것이 현실이다. 특히 도난은 수시로 발생하고 있으며, 1년에 몇 차례 도난 목판을 찾았다며 경찰로부터 처리 문제에 대한 연락을 받고 있다. 종가를 지키는 종손들의 대부분은 이미 연로하신 분들이 많아 눈앞에서 목판을 훔쳐가도 막을 수 있는 방법이 없으며, 실제로 트럭을 문 앞에 세워 놓고 종손에게 들어가 있으라는 협박을 한 후 전부 훔쳐간 사례도 있었다. 〈유교책판〉이 세계기록유산으로 등재되었고, 전국에 산재한 목판들도 언제든지 추가 등재의 대상이 될 수 있는 목판이기 때문에 보존에 대해 문화재 담당부서나 지자체의 보다 큰 관심이 요구되는 시점이다.

〈유교책판〉 등재의 후일담

　등재신청서를 처음 작성할 때 많은 질문들을 받았다. 그럴 수밖에 없는 것이 등재신청서라는 양식도 처음이고, 신청서 내용의 작성 방법도 처음이었기 때문이다. 일부에서는 공문서를 만드는 형식으로 작성해야 한다며 참고하라고 문서를 보여주기도 했다. 여기에서는 당시는 황당했으나 지금은 웃으며 말할 수 있는 등재 준비중에 생긴 서너 가지 이야기를 해 보고자 한다.

책판인가? 목판인가?

　먼저 결론을 말하자면 같은 말이다. 그런데도 등재신청서의 제목에 〈유교책판〉이란 말을 사용하고, 그 외는 〈목판〉이란 단어를 사용하였을까? 여기에는 2013년 등재신청서를 작성하기 전에 있었던 약간의 뒷이야기가 있다. 바로 목판의 개념에 대한 문제였는데, 목판을 글자 그대로 '나무판자'로 해석하여 나무판자로 만든 모든 물건을 목판의 범주에 넣고자 하는 일부의 의견들이 있었다. 당시에는 목판을 최상위 개념으로, 그 하위 개념으로 책을 만든 목판, 현판, 주련, 서판, 목판화 등을 넣어야 한다는 의견과, 목판을 인쇄문화사의 입장에서 보아 책을 만들 때 사용한 책판의 개념으로 사용해야 한다는 의견이 대립되었다. 필자는 후자의 입장을 가지고 있었으며, 등재신청서를 작성하는 과정에서 이 논란을 빠른 시간에 정리할 필요성이 있었기 때문에 아예 범위를 한정하여 〈책판〉이란 이름을 제목에 넣을 수밖에 없었다. 조선시대의 연대기나 문집 등을 봐도 목판과 책판을 동일한 개념으로 사용하고 있었기에 전혀 문제가 없다고 생각했으며, 등재신청서의 작성에는 상위개념이니 하위개념 등으로 구분해서는 절대 작성이 불가능하다는 것을 잘 알고 있었기에 논쟁의 시간을 보내느니 단순하고 명확하게 〈책판〉이란 이름의 사용이 필요했기 때문이다.

　이와 함께 등재신청서의 내용과 직접적인 관련은 없지만, 당시 언급된 문제 중의 하나가 〈목판〉의 한자가 〈木板〉인가 〈木版〉인가 하는 것이었다. 사실 필자는 서지학이나 한문학을 전공하지 않았기 때문에 잘 알지 못하고, 또 깊은 고민을 해 본적도 없으며 아직도 잘 모르고 있다. 다만 『조선왕조실록』, 『승정원일기』 등의 연대기와 조선시대에 만든 각종 목록집, 문집 등에 모두 〈板〉을 사용하고 있었기에 그냥 답습하여 사용하고 있었으며, 회의석상에서도 이 문제에 대한 지적이 한차례 있었으나, 문집, 연대기 등에서 〈板〉을 사용하고 있다는 답으로 더 이상 거론되지는 않았다.

〈유교 책판〉인가? 〈유교책판〉인가?

　띄어쓰기 문제가 제기되었다. 〈유교〉와 〈책판〉이 모두 명사이기 때문에

띄어쓰기가 잘못되었다는 지적이었다. 그러나 이는 필자가 의도적으로 〈유교책판〉이라 붙여 사용한 것이다. 만약 세계기록유산으로 등재가 되면 우리가 신청하는 제목이 하나의 고유명사가 될 수 있다는 생각을 가지고 현재 모 대학교 국문학과에 재직 중인 교수에게 타당성을 물어 보았을 때 문제될 일이 전혀 없다는 설명을 들었다. 이에 〈유교책판〉이라고 붙여 사용하면서, 이를 회의에서 설명하여 다들 이해를 시켰다고 믿고 있었다. 그러나 일부에서는 등재 이후에도 이 문제에 대해 지속적으로 이의를 제기하고 있으나, 지금은 이미 고유명사처럼 언론이나 논문 등에 인용되고 있다. 다만 아직도 의도적인지 아닌지는 모르겠지만 〈유교 책판〉 〈유교 목판〉 심지어는 〈유가 목판〉이라고 부르기도 하는 등 본인이 생각하는 이름을 사용하는 것을 볼 수 있는데, 이제는 불만이 있어도 어쩔 수 없이 〈유교책판〉입니다!

분량이 너무 많아!

등재신청서의 가장 중요한 부분은 첫머리에 나오는 〈기록물의 개요〉이다. 사실 등재의 당락은 신청서의 개요 부분을 먼저 읽고, 뒷부분을 계속 읽을지 말지가 결정된다고 해도 크게 틀린 말은 아니다. 유네스코의 심사위원들도 1~2개가 아닌 수백 개의 등재신청서를 전부 찬찬히 읽고 결정하지는 못할 것이기 때문에 등재 기록물의 내용을 어떻게 압축하여 개요에 넣을 것인가는 매우 중요한 의미를 지닌다.

유네스코에서는 개요를 영어로 번역하였을 때 영어 단어 200개를 초과하지 못한다는 규정이 있다. 매우 엄격하게 200개의 단어를 따지지는 않지만, A4 용지 1/2~2/3장 정도의 분량으로 압축해야 하는 어려움이 있으며, 이와 함께 문화재청의 자체 규정으로 전체 신청서의 분량이 첨부 문서와 사진 등을 제외하고 A4 용지 10장을 넘길 수 없다고 되어 있었다.

어느 정도 정리가 끝난 후 문화재청을 방문하는 길에 담당자에게 등재신청서의 분량에 대해 의논했을 때, 담당자가 너무 간단하게 대답을 해 주었다. 격년마다 들어오는 신청서의 분량이 어떤 것은 A4 용지 천장 정도로 작성하는 경우가 흔하게 있었다면서, 이를 방지하기 위하여 10장이란 분량을 자체 규정으로 정했지만, 보통 15장 정도까지는 아무 제한 없이 허용한다고 하였다.

편한 마음으로 돌아와서 다시 신청서의 분량을 가능한 범위 내에서 줄이는데 집중하여 A4 10장을 조금 넘는 분량으로 정리가 되었다. 그런데 신청서의 내용을 보고하는 회의를 할 때 글자의 크기를 조금 크게 하여 회의 참석자들이 읽기에 편하도록 만들고 보니 A4용지 13장 정도가 되었다. 그러자 회의의 말미에 분량이 너무 많다는 지적이 나왔다. 문화재청에 다녀온 결과와 글자의 크기를 키웠다는 것으로 대답을 하였으나, 그 뒤에도 내용이 아닌 분량에 대한 지적이 간헐적으로 계속되었다. 문화재청의 담당자들은 아무 문제가 없다는데도!

그런데 〈유교책판〉이 뭐예요?

2015년 10월, 한국국학진흥원이 소장한 유교책판이 유네스코 세계기록유산으로 지정되고 난 이후 언론과 많은 인터뷰를 했었고, 원고 청탁과 강의도 부탁받았다. 이들이 인터뷰나 원고를 요청하면서 공통적으로 하는 질문이 바로 "그런데, 유교책판이 뭐예요?" 하는 것이었다. 세계기록유산으로 등재되었다고 하니까 취재는 해야겠고, 강의도 들어보고 싶은데, 그런데 도대체 〈유교책판〉이란 이름은 듣지도 보지도 못하였는데 세계기록유산이라니? 하는 의문에서 비롯된 질문이었다.

이 질문이 나오는 것은 어쩌면 당연할 수도 있다. 우선 〈유교책판〉이란 단어는 등재신청서를 작성하면서 처음 만든 용어이기 때문에 생소한 것은 너무나 당연하며, 이미 세계기록유산으로 등재된 한국의 기록물들은, 정확하게 설명을 할 수는 없더라도 "아, 그건 나도 알지" 하는 정도의 인지도를 가지고 있지만, 유교책판은 세계기록유산의 등재 전이나 이후에나 여전히 생소한 이름이기 때문이다. 어쩌면 세계기록유산이란 이름조차도 생소하게 느끼는 사람들이 대부분일지도 모른다.

유교책판이 유네스코 세계기록유산으로 등재된 이후, 2017년 12월에 한국국학진흥원의 기록유산센터(전 목판연구소)에서 〈세계기록유산 인지도 조사보고서〉라는 보고서를 간행하였다. 전국의 20세 이상 성인 남녀 1,000명을 대상으로 한 간단한 설문조사로 표본 오차는 95%이며 ±3.1%의 신뢰도를 가진 조사보고서인데, 보고서의 내용을 간략히 살펴보면 다음과 같다.

우선 '세계기록유산이 무엇인지 아는가?'라는 설문에는 '들어는 보았지만 어떤 것인지 잘 모른다'는 답이 54.4%가 나왔으며, 한국에도 세계기록유산이 있지만 구체적인 것을 알지 못한다는 설문에는 74.3%가 그렇다고 답하였다. 또 한국의 세계기록유산이 어떤 것이 있을지 자유 연상을 해보라는 설문에는 해인사 대장경판과 훈민정음이 압도적으로 높게 나왔으나, 역시 정확한 기록물의 명칭을 아는 대답은 거의 없었으며, 심지어는 기록유산이 아닌 삼국사기, 위안부기록물, 세종실록 등의 대답도 나왔으나, 유교책판은 단 1명도 거론하지 않았다.

다시 구체적인 기록물의 명칭을 여러 가지 제시하면서 유교책판에 대해 질의하였을 때 〈세계기록유산이 아니다〉라는 대답이 65.4%, 충분히 인지하고 있다는 대답은 11.6%에 불과하였으며, 이는 『일성록』 다음으로 낮은 인지도를 가진 것으로 파악되었다. 이 설문은 유교책판이 등재된 지 2년이 지난 시점에 시행한 설문이라는 점에서 등재 직전까지는 거의 몰랐다는 대답과 같은 것으로 파악된다.

사실, 인지도 조사 이전에 이미 이러한 결과가 나오리라 어느 정도는 예측하고 있었다. "유교책판이 뭐예요?"라는 질문이 누구나 할 수 있는 일반적인 질문이란 것을 알 수 있으며, 이는 당시까지 홍보의 부족 때문이며, 아마 지금 설문조사를 다시 한다면 조금 다른 결과가 나올 것으로 판단된다.

이게 무슨 국가기밀문서입니까?

등재 준비를 위해 우선 소장 목판에 대한 분류 작업을 시작하였다. 어떤 종류의 책판이 몇 종이 있는지 분류하였고, 판각 지방을 분류하였으며, 언제 만들었는지에 대한 분류 작업을 우선 시작하였다. 이 작업은 근 1년에 걸쳐 진행되었으며 어느 정도 윤곽이 잡혀 등재신청서에 반영할 수 있었다.

더 큰 문제는 등재신청서의 작성이었다. 문화재청 홈페이지에 들어가서 등재신청서를 어떻게 작성하는지 알아보고자 하였으나, 등재신청서의 양식만 있을 뿐 작성방법에 대해 도움이 될 정도의 내용은 전혀 언급되어 있지 않았다. 신청서 양식에 적혀 있는 단어도 영어를 그대로 번역하여 올려놓았기 때문에 정확한 의미도 파악하기 힘들었으며, 앞서 등재된 기록물의 등재신청서 조차도 찾을 수 없었다.

앞서 등재된 기록물을 소유한 몇몇 기관을 찾아가 등재신청서를 보여주십사 요청하였으나 모두 거절당하였고, 문화재청에 가서 두어 차례 요청하였지만 역시 보여줄 수 없다는 답변만 들었다. 거절당하고 돌아서면서 잔뜩 화가 나서 "이게 무슨 국가기밀문서입니까?"라고 소리를 질렀지만 결국은 빈손으로 돌아설 수밖에 없었다. 문화재청이 있는 대전에서 안동으로 돌아오는 차 안에서도, 목판연구소로 돌아와서도 몇날 며칠을 어떻게 할 것인지 애만 태우고 있다가 결국 생각한 것은 유네스코 세계기록유산 본부의 홈페이지였다. 이곳에는 이미 등재된 기록물들의 신청서가 영어로 작성되어 탑재되어 있는데, 이를 검색하여 최대한 도움이 되겠다 싶은 기록물 10개를 찾았고, 이를 번역하기로 했다. 마침 베트남의 응웬왕조 목판이 세계기록유산으로 등재되어 영문 신청서를 내려 받았으나 홈페이지의 오류로 전체가 수록되지 않고 가운데 몇 장이 없는 신청서가 탑재되어 있어서 역시 큰 도움이 되질 못하였다. 이듬해 베트남 국가기록원에 가서 사정을 이야기하고 등재신청서를 얻고자 하였으나, 국가기관의 문서인 관계로 절차상 줄 수 없다는 답변만 들었다.

　10개의 문서를 내려 받았으나 영어가 부족한 필자로서는 이를 해석할 방법이 없었다. 예산이 없으니 전문가에게 해석을 맡길 수도 없는 것이 당시의 현실이었다. 당시 필자의 딸이 대학을 다니고 있었는데, 제법 영어에 능통한 편이어서 결국 학교 공부에 바쁜 딸에게 거의 우격다짐으로 번역해 줄 것을 요구하였고, 딸도 싫다하지 않고 학교 공부 틈틈이 이를 번역해서 건네주었지만, 결국 오래가지 않아 딸도 더 이상은 못하겠다고 폭발하고 말았지만...

　번역된 신청서를 앞에 놓고 하나하나 분석하기 시작했으나 곧 한계에 봉착하였다. 이번에는 무작정 유네스코 한국위원회에 찾아가 도움을 요청하였으나 이곳에서도 원론적인 답변만 해 줄 뿐 큰 도움을 얻지는 못했다. 온갖 시행착오를 경험하면서 우여곡절 끝에 등재신청서를 작성하였고, 이것을 2013년 3월의 전체 회의에서 발표하여 제법 긍정적인 반응을 얻었지만, 이는 시작에 불과하였고, 다시 수정이라는 고통의 시간이 연속 되었다.

　신청서를 작성하는 동안 수시로 연구실을 드나들며 고민을 토로했을 때 시간을 아끼지 않고 함께 고민을 해 준 연구원들도 있었고, 목판 조사에서 맺은 인연 때문에 휴일에도 안동 시내 커피숍에 불려 나와 한 글자 한 문장씩 교정을 봐준 국문과 박사과정 학생도 있었다. 생면부지의 학계 교수들을 찾아가 무조건 도움을 요청하기도 하였다. 결과적으로 등재신청서가 완성되었고 세계기록유산으로 등재되었으니 큰 도움을 주신 모든 분들에게 늘 고

맙고 미안한 마음 뿐이다. 이제는 새로 등재를 준비하는 기관이나 담당자들은 누구나 한국국학진흥원의 기록유산센터에 도움을 요청하면 등재신청서의 작성에 도움을 줄 것이다. 등재신청서는 국가기밀문서가 아니니까!

국제목판보존연구협의회 I.A.P.W.
(International Association for Printing Woodblocks)

한국국학진흥원은 2011년 11월에 중국 절강성 양주시에 있는 양주중국조판인쇄박물관과 학술교류를 위한 양해각서를 교환하였다. 〈유교책판〉의 홍보와 목판을 소유한 외국 기관과의 교류, 연구 성과의 교환 등이 필요한 시점에서 양 기관과의 학술교류를 위한 양해각서의 체결은 등재 담당 부서인 목판연구소의 입장에서는 숙원 사업의 하나가 이루어진 셈이었다.

양주박물관측에서 2012년에 학술대회를 개최하기로 하였고, 일본과도 연락이 닿아 일본 학자도 참여하게 되어 3개국이 모인 학술대회로 약간 규모

양해각서 교환

양주학술대회(2012년)　　　　　　　베트남 Pham Thi Hue 발표(2014년)

가 확대되었다. 필자는 한국 발표자의 한명으로 참여하였고, 발표의 끝에 향후 목판연구의 활성화를 위해 3가지를 제안하였다. 첫째 3개국이 조금씩 의미가 달랐던 목판 용어를 정리하여 '목판용어집'을 발간해 보자는 것. 둘째 목판연구의 성과를 수록할 수 있는 잡지나 학술지를 공동으로 발간하자는 것. 셋째 3개국의 연구자, 연구기관들이 참여하는 목판연구학회를 만들자는 제안이었다.

양주박물관과의 학술교류를 준비하면서 동시에 2012년 4월에 베트남의 응웬왕조 목판이 세계기록유산으로 등재되었고, 베트남 국가기록원 제4분관에 보관되어 있다는 것을 알고 베트남 남부의 DaLat에 있는 4분관을 방문하여 양 기관간의 교류에 합의한 바 있었다. 2014년에 4분관의 Pham Thi Hue 관장이 한국을 방문하여 응웬왕조 목판의 등재 경험을 발표해 주었다.

목판연구소에서는 본격적인 목판연구기관과의 교류를 위해 학회를 조직하는 것이 좋겠다는 내부 협의를 거쳐 학회에 참여할 기관들과 접촉을 시작하였다. 국내에서는 규장각, 해인사 등이 합류하기로 결정했고, 중국에서는

각국 대표들의 발표

베트남 학술대회

양주박물관과 덕격인경원德格印經院, 북경대학이, 일본에서는 나라대학奈良大學, 오사카대학大阪大學, 리쓰메이칸대학立命館大學이 참여하기로 했다. 베트남에서는 국가기록원, 국가기록원 4분관, 박장박물관 등이 참여하기로 합의한 후 2015년에 서울대학교에서 학술대회를 개최한 후 참가자들의 토론을 거쳐 국제목판보존연구협의회IWA(International Woodblock Association)가 발족되었다.

    IWA는 2016년에 한국에서, 2017년에 베트남에서 학술대회를 개최하였고, 2018년 다시 한국에서 학술대회를 개최한 후 열린 총회에서 이름을 IAPW(International Association for Printing Woodblocks)로 변경하기로 결정하였으며 2019년에는 일본에서 학술대회를 개최하였다. 2020년에는 중국 양주박물관에서 개최하기로 했으나 COVID19로 교류가 중단되어 한국국학진흥원에서 국내 학술대회로 전환하여 개최하였다. IAPW의 구성으로 국제목판학회를 구성하자는 첫 번의 제안은 이루어졌으나 나머지 2개는 현재로서는 언제 시행될지 미지수이다. 목판연구소에서는 용어집 제작을 위해 한국연구재단에 연구비를 신청하였으나 2차례 모두 탈락되어 아직 진행되지 못하고 있으며 국제저널의 간행도 역시 예산 문제로 진행되지 못하고 있어 안타까울 뿐이다.

[참고문헌]

고려사
세종실록
중종실록
연산군일기
영조실록
승정원일기
일성록
시강원책역소일기

(번암집)간소일기 성책
(매헌)선조문집 간역시일기
대계집간역시일기
사문문집간역기사(백불암집)

곽종석, 『면우집』
금난수, 『성재선생문집』
기대승, 『고봉선생문집』
남구만, 『약천집』
서유구, 『임원경제지』
어숙권, 『고사촬요』
이긍익, 『연려실기술 별집』.
이능화, 『조선불교통사』(상편)
정구, 『한강선생문집』
정약용, 『목민심서』

강명관, 『조선시대 책과 지식의 역사』, 천년의 상상, 2014.
김동진, 『조선의 생태환경사』, 푸른역사, 2017.
박상진, 『나무에 새겨진 팔만대장경의 비밀』, 김영사, 2010.
천혜봉, 『한국서지학』, 민음사, 1997.
황지영, 『명청 출판과 조선전파』, 시간의 물레, 2012.
한국국학진흥원, 『한국국학진흥원 소장 목판 상세 조사보고서』 상·중·하, 2008.
한국국학진흥원, 『간역시일기』, 일기국역총서 13, 2015.
한국국학진흥원, 『유네스코 아시아태평양지역 기록유산』, 2018.8.
한국국학진흥원, 『한국의 세계기록유산』, 2018.12.

나무신문
William Blades, 책의 적 The Enemies of Books, 서해문집, 2005.
섭덕휘 저, 박철상 역, 『서림청화』, 푸른역사, 2011.

김성수, 「한국목판인쇄의 기원 연대에 관한 연구」, 『서지학연구』10, 1996.
박상진, 「목판 제작에 사용된 목재」, 『동아시아의 목판인쇄』, 한국국학진흥원, 2008.
박순, 「경북지역 책판 현황과 유교책판의 성격」, 『목판의 보존과 가치발굴』, 한국국학진흥원 목판연구총서 2, 2013.
박순, 「조선시대 책판의 구조 연구」, 『국학연구』 30. 한국국학진흥원, 2016.8.
박순·박영덕, 「책판의 훼손 양상과 세척방법에 대한 일고」, 『아시아의 목판보존 경험의 공유』, 한국국학진흥원 목판연구총서 5, 2017.
박순, 「지방관의 문집 간행 경비의 확보」, 『아시아 목판의 문화사 - 인식과 비교』, 한국국학진흥원 목판연구총서 6, 2018.
蘇東發, 「중국 현존 목판의 개황」, 『동아시아의 목판인쇄』, 한국국학진흥원, 2008.10.
손계영, 「지방관의 문집 간행과 공사 인식」, 『수령의 사생활』, 경북대학교 출판부, 2010.7.
이혜은, 「조선조 문헌의 발행부수와 보급에 관한 연구」, 숙명여대학교 대학원 석사논문, 1996.)

〈유네스코 관련 웹사이트〉
https://unesdoc.unesco.org/ark:/48223/pf0000105557
http://heritage.unesco.or.kr
https://en.unesco.org/programme/mow/register

목판제작 사진 제공 : 충청북도 무형문화재 각자장 박영덕.

안동
문화
100선
●11

세계기록유산, 유교책판

초판 1쇄 발행 2020년 12월 15일

기　　획　한국국학진흥원
글·사진　박순
펴 낸 이　홍종화

편집·디자인　오경희·조정화·오성현·신나래
　　　　　　박선주·이효진·최지혜·석수연
관리　박정대·임재필

펴낸곳　민속원
창업　홍기원
출판등록　제1990-000045호
주소　서울시 마포구 토정로 25길 41(대흥동 337-25)
전화　02) 804-3320, 805-3320, 806-3320(代)
팩스　02) 802-3346
이메일　minsok1@chollian.net, minsokwon@naver.com
홈페이지　www.minsokwon.com

ISBN 978-89-285-1526-4
S E T 978-89-285-1142-6　04380

ⓒ 박순, 2020
ⓒ 민속원, 2020, Printed in Seoul, Korea

CIP 2020053289

※ 책 값은 뒤표지에 있습니다.
※ 잘못된 책은 바꾸어 드립니다.